ESSAI

SUR L'ORGANISATION

DU

SUFFRAGE UNIVERSEL

EN FRANCE

PARIS. — IMP. VICTOR GOUPY, RUE GARANCIÈRE, 5.

ESSAI

SUR L'ORGANISATION

DU

SUFFRAGE UNIVERSEL

EN FRANCE

PAR

LE Mis DE CASTELLANE

MEMBRE DE L'ASSEMBLÉE NATIONALE

DEUXIÈME ÉDITION

PARIS

E. LACHAUD, LIBRAIRE

4, PLACE DU THÉATRE-FRANÇAIS

1872

PRÉFACE

Au milieu du trouble général qui règne dans les esprits en France, il est cependant certaines réformes qui sont regardées comme indispensables par les hommes sensés de tous les partis.

Une, surtout, attire l'attention de ceux qui ont quelque souci de la paix intérieure du pays, c'est la réforme du suffrage universel.

Mais, telle est la puissance de cette institution qu'il faut une sorte de courage, pour en signaler les périls. Semblable à un colosse, dont la vue seule met ses adversaires en déroute, le suffrage univer-sel exerce un empire si considérable, que beaucoup de ceux qui se présentent devant lui en ennemis, se retirent prudemment au moment de la lutte, et s'en vont même, par crainte de son ressentiment, répandant partout qu'ils sont ses alliés et ses amis.

Cependant, il faut, à tout prix, arriver à contenir le torrent envahisseur dans de justes limites, sous peine d'être submergé par lui dans un temps qui ne saurait être éloigné. Qui ne saisit l'immense danger de ce principe sans bornes, qui s'appelle la souveraineté nationale, lorsque l'on considère les éléments qui constituent cette souveraineté ? Qui ne se demande où est la protection pour l'homme d'ordre, pour celui qui possède, du moment que l'homme de désordre et celui qui n'a rien, sont appelés à participer, dans des proportions identiques, à la distribution des deniers publics ? Comment admettre sans appréhensions que le citoyen inintelligent, dépourvu d'instruction, dont les vues souvent ne s'étendent pas au delà du cabaret, ait la même influence sur la marche des affaires que l'homme instruit, que le savant qui a fait des questions politiques l'étude de toute sa vie ? La raison se refuse à concevoir une pareille bizarrerie, si surtout l'on se rend compte que, dans toute société, le nombre des hommes peu sensés est infiniment supérieur à celui des esprits sages.

Aussi, il est reconnu que le suffrage universel offre des inconvénients, des périls sérieux, et qu'il y a là quelque chose à faire. Mais, dans les divers partis, l'on est loin d'être d'accord sur le moyen à employer.

Parmi les républicains, les uns, et ce ne sont pas les plus désintéressés, veulent établir, pour les villes, un suffrage distinct de celui des campagnes : M. Edgar Quinet s'est fait le défenseur de cette idée au sein de l'Assemblée nationale ; les autres demandent que, seuls, les citoyens sachant lire et écrire soient admis à voter.

Parmi les monarchistes, même divergence de vues : ceux-ci réclament le suffrage à deux degrés ; ceux-là ont un goût marqué pour le suffrage restreint ; d'autres, en hommes prudents, se contentent de réclamer de sages précautions qui éloignent de l'urne électorale ceux qui n'ont aucun intérêt au maintien de l'ordre social.

Seuls, les Bonapartistes ont conservé pour la forme actuelle du suffrage universel une admiration sans limites. Ils savent, par une trop longue expérience, combien il est facile de le manier, de le fausser ; ils se rappellent avec complaisance les moyens qu'ils employaient à son égard, et les résultats obtenus. Aussi veulent-ils conserver intact un tel trésor, afin de pouvoir en tirer les mêmes avantages, dans le cas où, pour le malheur de la France, leurs espérances se réaliseraient.

Pareille opinion, basée sur un tel espoir, ne doit point arrêter le législateur dans sa tâche. Mais elle n'en est pas moins un obstacle sérieux à toute réforme importante. On peut être certain que, sur ce terrain, les bonapartistes feront cause commune avec les mécontents, à quelque opinion qu'ils appartiennent. La démagogie Césarienne ne reculera devant aucun moyen. Elle agira vis-à-vis de toute loi électorale, non pas restrictive, mais de simple précaution, comme elle a agi jadis contre la loi du 31 mai. De là, la nécessité d'opérer lentement, sans secousses, de ne réformer que petit à petit. Malheureusement, en France, nous aimons à procéder par à-coups. *Tout ou rien*, telle est notre devise favorite. En 1848, nous sommes allés d'un bond du suffrage restreint au suffrage universel illimité ; ce que Lord Derby appela si spirituellement alors *un saut* dans les ténèbres ; en 1850, l'assemblée législative fit une loi prudente à certains égards, mais trop réactionnaire pour ne pas amener promptement une contre-réaction ; enfin, peu de temps après, Louis Bonaparte, profitant de cette faute, dont il avait été le premier instigateur, en appela aux plus mauvais instincts des masses, et nous rejeta dans le suffrage universel direct, sans frein d'aucune sorte, dont, pendant vingt ans il n'est parvenu à dominer la puissance, que grâce au régime corrupteur dont nous expions actuellement les crimes.

Le législateur perspicace doit se pénétrer de ces enseignements historiques, et prévoir les piéges qui vont lui être tendus. Il ne doit point oublier non plus que la souveraineté nationale est, à l'heure qu'il est, le seul terrain ferme sur lequel nous puissions nous rencontrer tous, pour asseoir les fondements de l'édifice social qu'il s'agit de reconstruire. Aucun principe n'est resté debout dans notre malheureuse société : la propriété n'y est plus considérée comme donnant un droit quelconque au gouvernement du pays ; sa légitimité même est attaquée par la plupart de ceux qui n'ont rien ; la religion, depuis 1789, a complétement disparu de l'arène politique ; le droit monarchique, fondé sur la tradition et sur l'hérédité, a été remplacé par le droit résultant des plébiscites.

Seule la souveraineté du peuple est incontestée : et encore est-il un certain nombre de radicaux qui se préparent, dans l'ombre, à la saper, le jour où elle se sera déclarée contraire à leurs opinions. N'avons-nous pas vu déjà les dictateurs de Bordeaux chercher à écarter de l'Assemblée nationale tous ceux qui avaient servi le gouvernement impérial à un titre officiel quelconque ? N'entendons-nous pas proclamer chaque jour, par certaine presse, que la république est au-dessus du suffrage universel? Il faut donc se cramponner au principe de la souveraineté nationale comme à une ancre de salut, et, tout en cherchant à protéger la société, ne pas risquer de le faire méconnaître par ses ennemis; car, ce principe renversé, la France tomberait dans le chaos.

C'est, pénétré de ces dangers, que nous avons conçu les réformes électorales dont nous allons expliquer le mécanisme [1].

Loin de nous la pensée que notre système pare à tous les inconvénients. Nous avons d'autant moins cette prétention que, nous-mêmes, nous croyons qu'il en est, en théorie, de préférables. Mais, ce dont nous sommes sincèrement convaincu, c'est que, dans l'état actuel de nos mœurs politiques, au milieu du gâchis d'idées où la France cherche en vain le vrai chemin, il est impossible de faire davantage. Avant tout, il ne faut pas courir le risque de voir son œuvre balayée, en un clin d'œil,

---

[1]. Le lecteur trouvera ces réformes résumées dans divers projets de loi à la fin de ce volume.

par le premier ambitieux qui saura flatter les passions populaires.

Ce livre est divisé en deux parties.

Dans la première, nous nous sommes occupé du droit de suffrage exercé par le peuple tout entier, lorsqu'il choisit directement ses représentants.

Dans la seconde est indiqué comment la nation doit participer à la formation d'une Chambre haute.

C'est assez dire que nous avons suivi le suffrage universel dans ses ramifications les plus étendues.

Nous offrons le résultat de nos études au public ; quel sera leur sort ? Si l'on en juge par le talent de l'auteur, ce livre court grand risque d'aller rejoindre promptement certains de ses semblables, et de couler avec eux discrètement à l'oubli. Il lui reste cependant une chance de faire son chemin dans le monde, c'est l'importance même du sujet qu'il traite.

A. DE CASTELLANE.

Paris, février 1872.

PREMIÈRE PARTIE

Du suffrage universel proprement dit. — De la chambre des députés. — De la souveraineté nationale.

CHAPITRE PREMIER

DU CENS ÉLECTORAL

ET

DU SUFFRAGE A DEUX DEGRÈS.

Quels seront ceux qui seront appelés à voter ?
Telle est la première question à résoudre.

Bien des systèmes ont déjà été expérimentés.
Nous avons eu successivement :

Le suffrage restreint ou le cens ;

Le suffrage à deux degrés ;

Le suffrage universel direct.

Nous allons les examiner tour à tour, et dire
quelles sont les raisons qui s'opposent à ce que
la France cherche dans le passé le remède aux
périls du présent.

I. En étudiant avec soin le mécanisme du suffrage restreint ; en se rendant compte des garanties d'ordre qu'il offre à la société ; en examinant
les résultats excellents qu'il donne dans la plupart des pays où il fonctionne, sans que ceux
qui sont éliminés de l'urne électorale imaginent
de crier à la tyrannie, bien des esprits sont tentés
de se rallier à ce système ; non pas qu'ils puissent songer à rétablir, comme sous le règne de
Louis-Philippe, le cens à 300 francs : c'est là un
idéal dont les conservateurs doivent absolument
faire leur deuil ; et ceux qui penseraient à revenir
à cet âge d'or de l'électorat sembleraient n'a-
voir compris ni leur temps ni la France. Mais, ils
font ce raisonnement : « La plus grande préro-
« gative des représentants de la nation est de
« disposer des deniers du peuple, de consentir
« les impôts, de fixer la façon dont ils seront dé-
« pensés : il faut donc que ceux qui les nom-
« ment ne soient pas absolument désintéressés

« de ce qu'ils administrent bien la fortune pu-
« blique. »

Partant de ce principe, il leur semble que l'on
doive introduire dans notre législation électorale
l'obligation, pour être électeur, de payer quelque
chose à l'État ; d'être inscrit, par exemple, au
rôle d'une des quatre contributions directes pour
une somme quelconque. L'Amérique, l'Angleterre,
voire même la Prusse, sont des exemples en pareille matière ; et cependant a-t-on jamais ouï
dire que ces divers pays, tout au moins les
deux premiers, soient assujettis à un joug oppres-
seur ?

Mais, chez ces nations sages, on ne poursuit pas
l'ombre pour la proie. En France, nous nous
payons volontiers de mots ; quand nous avons
l'apparence, nous croyons tenir la réalité. Nous
nous prétendons libéraux : nous ne sommes que
des égalitaires à outrance. Aussi, le rétablissement
d'un cens. même très-restreint, suffirait à provoquer dans un temps plus ou moins éloigné une crise
révolutionnaire. Écoutez les clameurs du parti dé-

magogique. « Exiger l'inscription au rôle d'une des
« contributions directes, c'est porter atteinte au
« droit du pauvre ! Vous voulez que l'on paie
« l'impôt pour être électeur ; qui le paie plus du-
« rement que l'ouvrier, dans sa consommation
« journalière ? Les objets de première nécessité
« ne sont-ils donc pas imposés ? Et par l'impôt
« indirect ne participe-t-on pas aussi bien aux
« charges de l'État que par l'impôt direct ? Où
« est la justice ? C'est le retour aux priviléges,
« à la noblesse, à la dîme, etc. » Et, unissant ses
concerts à ceux de la presse radicale, la presse
bonapartiste ne manquerait pas de traiter l'Assemblée nationale de réactionnaire, d'ennemie
des ouvriers, de violatrice de la souveraineté populaire.

Il en coûte néanmoins de renoncer à une semblable garantie, qui, il faut bien le dire, est le
frein le plus puissant à opposer aux licences du
suffrage universel. Mais avant de faire des lois
parfaites, il faut en faire de possibles, et c'est là
ce qui nous décide.

II. La prudence s'opposant au rétablissement du suffrage restreint, nous avons songé un instant à proposer celui du suffrage à deux degrés.

Là, du moins, rien ne vient heurter le préjugé démocratique ; c'est une institution qui n'est pas contraire aux passions égalitaires de la France. La révolution de 1789 a conçu le suffrage universel sous cette forme, et, si l'on veut bien jeter un coup d'œil rétrospectif sur les transformations qu'il a subies depuis lors, on verra que le suffrage à deux degrés a été respecté dans les temps les plus tourmentés de notre histoire.

La première Constituante, en 1791, l'établit. La loi électorale qu'elle fit alors peut se résumer ainsi : suffrage à deux degrés ; électeurs du premier degré, les citoyens actifs ; électeurs du second degré, les citoyens actifs, propriétaires ou locataires d'un bien produisant un revenu égal à cent cinquante ou deux cents journées de travail [1].

1. Par citoyens actifs on entendait tous les citoyens âgés

L'Assemblée Législative dut céder au courant démocratique qui avait fait de grands progrès depuis un an ; et, bien que la loi électorale fût une loi essentiellement constitutionnelle, elle fut appelée à en voter une seconde, afin de donner satisfaction à l'opinion publique ; mais, elle eut la sagesse de faire porter ses réformes uniquement sur le cens. Le 11 août 1792, après les orgies auxquelles la populace de Paris s'était livrée la veille, Guadet présente à l'assemblée le décret électoral d'après lequel sera élue la Convention, et fait supprimer toute distinction entre les citoyens[1]. Dès lors, il suffit, pour participer à l'élec-

de 25 ans, ayant prêté le serment civique, domiciliés depuis un an et qui payaient une contribution égale à trois journées de travail.

Remarquons, en passant, que le cens n'était point alors absolument rayé de la base du suffrage universel, puisque la première constituante avait admis, pour être électeur du premier degré, l'obligation de payer une certaine somme d'impôt à l'État.

1. Loi du 12 août 1792, an IV de la Liberté. — Art. 2 : La distinction des Français en citoyens actifs et non actifs est supprimée.

tion, d'être âgé de vingt et un ans, domicilié depuis une année, de vivre de son revenu ou de son travail, et de ne pas être en état de domesticité. Le principe démocratique a reçu satisfaction ; mais personne n'imagine de supprimer les deux degrés pour l'élection, ce qui prouve que les révolutionnaires d'alors, qui valaient bien ceux d'aujourd'hui, ne voyaient pas dans le dédoublement du suffrage une atteinte portée à la liberté ou à l'égalité des citoyens entre eux.

La Convention, qui devait renverser tout ce qui n'avait point été inventé par elle, fut la seule des grandes assemblées de la révolution qui crût devoir abandonner le suffrage à deux degrés. Mais, comme si, au milieu de ses erreurs, il lui restait certaine intuition de la vérité, en même temps qu'elle le supprimait, elle comprenait la nécessité de supprimer aussi le scrutin de liste qui est le complément nécessaire de ce mode de suffrage, et elle établissait des circonscriptions électorales, basées sur le chiffre de la population. Du reste, la constitution de 1793 ne fut jamais mise en vigueur, et la Convention, épuisée, vieillie, en fit une autre, celle de l'an III, dans laquelle, revenant aux sages errements du passé, elle rétablit le suffrage à deux degrés et, avec lui, le scrutin de liste.

Nous ne parlerons pas du mode de suffrage qui existait sous le premier Empire, tant il fut alors tronqué et perverti, sans que, du reste, la nation, fatiguée des épreuves qu'elle avait traversées, en manifestât le moindre mécontentement.

Sous la Restauration, comme sous le règne de Louis-Philippe, il ne fut pas question du suffrage à deux degrés, le cens, et un cens considérable, étant devenu la base de l'élection.

La République de 1848 supprima le cens; dès lors, on put supposer qu'elle allait, suivant les errements de la première République, sa sœur, rétablir le suffrage à deux degrés. Il n'en fut rien. Jaloux de leur propre initiative, les hommes d'alors voulurent faire du nouveau. Comme pour punir leurs prédécesseurs de s'être refusés à l'ad-

jonction des capacités, la bouche encore tout
enfarinée du cri de Vive la Réforme ! au son duquel ils avaient fait tomber la monarchie de juillet, ils se jetèrent à corps perdu dans ce gouffre
qui s'appelle le suffrage universel direct, sans
conditions d'aucun genre. Ils unirent ces deux
choses incompatibles, qu'aucune de nos grandes
assemblées n'avait unies : le suffrage direct et le
scrutin de liste. Ils se montrèrent beaucoup plus
osés, beaucoup plus révolutionnaires, dans le sens
strict du mot, que les anciens conventionnels, et
ils préparèrent ainsi le gâchis dans lequel nous
nous remuons actuellement.

Advint l'Assemblée législative de 1849; elle
n'eut pas de peine à s'apercevoir des fautes commises par sa devancière. Mais, il était à la fois
trop tard et trop tôt : trop tard pour remonter le
courant des idées nouvelles, trop tôt pour réagir.
Le pays, saturé, n'avait pas digéré sa nouvelle
conquête et ne sentait pas encore le mal qu'elle
devait lui faire. La loi du 31 mai 1850 ne vécut
qu'un jour, et encore n'avait-elle point osé réta-

blir le suffrage à deux degrés, l'antique expression de la souveraineté nationale.

Le second Empire, qui ne cherchait pas dans le suffrage universel la vérité, mais seulement le moyen le meilleur de tromper le pays, fit un décret-loi, par lequel il ne visait que ses intérêts dynastiques, sans s'occuper de la sincérité du vote; et il se garda bien de rétablir un mode de suffrage qui, un jour donné, eût pu lui causer des embarras sérieux.

De ce coup d'œil rétrospectif, il ressort que le suffrage à deux degrés n'a jamais été considéré par les hommes vraiment dévoués aux idées démocratiques, comme inconciliable avec les grands principes d'égalité. Son rétablissement serait donc possible sans que l'on ait à redouter les clameurs des partis avancés.

Reste à savoir, s'il serait un remède efficace à l'ignorance, aux revirements imprévus, et surtout aux tendances trop souvent révolutionnaires du suffrage direct ? Avant de se lancer dans une pareille réforme, il faut se demander à qui elle bénéficierait ; tout est dans la réponse à cette question.

S'il était démontré que la proportion des députés appartenant à l'opinion avancée dût être la même avec le suffrage à deux degrés qu'avec le suffrage direct, qu'aurait à y gagner le parti conservateur ? Or, étant donné l'état actuel des influences locales en France, il se produirait la plupart du temps ce triste résultat : ceux qui seraient désignés par les électeurs du premier degré , comme électeurs du second , appartiendraient à des idées beaucoup plus avancées que les citoyens qui les auraient choisis ; et ainsi, au lieu de donner un appoint au parti conservateur, le suffrage à deux degrés lui susciterait des ennemis nouveaux et plus puissants.

Quels seraient, en effet, ceux que les masses, non-seulement dans les villes, mais aussi dans les campagnes, désigneraient, comme électeurs du second degré ? En qui placent-elles, à l'heure qu'il est, leur confiance ? De qui aiment-elles à recevoir, en matière électorale, une impulsion ? Est-ce du bourgeois riche ? Il en était ainsi jadis, mais aujourd'hui, le bourgeois est devenu un objet de jalousie pour l'ouvrier et le paysan ; son règne est terminé. Voyez, au contraire, cet homme, qui a une toute petite aisance, qui est plus que le paysan et cependant moins que le bourgeois, qui passe de longs moments au cabaret, qui sait y attirer de nombreux amis, qui a le verbe haut, qui parle de tout, même et surtout de ce qu'il ne connaît pas ; qui a prêté quelque argent à celui-ci ou à celui-là ; qui affecte une sorte de dédain pour les choses religieuses, voilà le véritable chef électoral des habitants. S'agit-il d'élections municipales, c'est lui qui fait la liste ; et si vous, riche propriétaire, qui êtes le bienfaiteur de votre commune, qui avez donné des sommes considérables pour la construction d'une route, de l'église ou de l'école, vous désirez faire partie du conseil municipal, vous êtes tenu de réclamer son appui. L'intervention du bourgeois, au contraire, vous est à peu près inutile, et celle du curé le plus souvent nuisible, car la voix même de son sacristain ne lui est pas toujours fidèle.

L'influence locale est donc actuellement entre les mains de cette classe intermédiaire qui n'a point de qualification en langue française, mais que les Italiens appellent *mezzo chetto* ; tels que, les chefs de chantiers, les cafetiers, les contre-maîtres dans les fabriques, les vétérinaires, etc.

Par conséquent ce serait eux qui deviendraient électeurs du second degré.

Certes, le bourgeois riche serait aussi l'élu de ses concitoyens. Les habitants de nos campagnes ont heureusement conservé de la considération pour ceux qui jouissent d'une fortune honorablement acquise : mais, il se trouverait seul contre dix individus généralement antireligieux, quelque peu socialistes, croyant tout savoir et ne sachant rien, avides de nouveautés, peu scrupuleux quant aux moyens. Le choix des représentants, des dispensateurs des deniers nationaux, des gardiens de la morale publique, appartiendrait à des meneurs, à des hommes peu attachés aux idées saines, aux idées conservatrices, aux idées morales. Voilà pourquoi il ne faut pas souhaiter le rétablissement du suffrage à deux degrés.

Mieux vaut cent fois le suffrage direct. Ces influences que nous redoutons lorsqu'il s'agit du suffrage à deux degrés, se limitent généralement à l'administration intérieure de la commune. Elles cherchent bien à se faire jour, et, malheureusement, elles y réussissent quelquefois, dans les élections de députés ; mais, souvent aussi elles sont paralysées par la notoriété du candidat, par son honorabilité, par son influence. L'électeur de la campagne, du moins, si ce n'est celui des villes, va droit son chemin, sans écouter les bavards qui veulent lui dicter ses choix.

Il y a cinquante ans, le suffrage à deux degrés eût été une merveilleuse institution, parce que l'influence locale appartenait encore à la haute bourgeoisie. On rendait hommage à ses connaissances ; le paysan lui savait gré d'être propriétaire terrien, d'avoir contribué à détruire les abus de l'ancien régime. Il avait mis sa confiance en elle ;

mais, de même que la noblesse s'est perdue en abandonnant ses châteaux pour aller chercher le plaisir à la cour des rois ; la bourgeoisie, s'est suicidée en abandonnant nos campagnes, en désertant l'industrie privée, l'agriculture, pour se jeter à corps perdu dans les fonctions publiques. La première a péri par l'absentéisme ; la seconde, par le fonctionnarisme.

Il y aurait cependant un moyen de rendre le suffrage à deux degrés tout à fait fécond en bons résultats, ce serait de le rétablir tel que l'avait conçu l'assemblée constituante de 1789, et d'exiger que les électeurs payassent un cens d'une valeur de cent cinquante à deux cents journées de travail. Il est évident, lorsque l'on connaît le respect et les sympathies des masses pour le riche et honnête propriétaire, que les choix faits par elles seraient alors excellents. Toute cette classe d'individus, en qui réside actuellement la puissance locale, qui n'a souvent comme attrait qu'un bagout détestable, serait réduite à néant. La véritable influence électorale retournerait à ses anciens, à ses légitimes propriétaires , c'est-à-dire aux hommes vraiment instruits et offrant toutes les garanties d'ordre et de stabilité.

Mais qui oserait prétendre que le rétablissement du cens électoral, même au deuxième degré, est possible? Quelle ne serait pas la joie du parti bonapartiste, si l'on commettait une pareille faute, et comme ce fait cimenterait son alliance avec la démagogie! Non, le rétablissement du cens est un leurre, un rêve creux auquel ne doivent pas s'arrêter ceux qui connaissent l'état de notre société.

Certains politiques ont émis sur ce sujet une autre idée. Que ce soient, disent-ils, les conseils municipaux qui deviennent les électeurs du second degré.

Ont-ils bien songé aux conséquences et même à la possibilité d'un pareil système? Que deviendrait donc la proportionnalité entre le nombre des électeurs et celui des élus? Une ville de cent mille âmes a trente conseillers municipaux, un village de mille habitants en a douze; où serait la justice? Car il est vraisemblable que les uns et les autres auraient les mêmes droits, à moins d'admettre que la voix d'un électeur de ville comptera le double ou le triple de celle d'un électeur de village, proportionnellement au nombre de la population. N'arriverait-on pas fatalement aussi à la confusion des pouvoirs? Du jour où cette puissance politique leur serait donnée, nos conseils municipaux, si calmes, si modérés pour la plupart, ne deviendraient-ils pas des foyers d'agitations et d'intrigues? Et qui nous dit, Dieu nous garde de les calomnier, mais qui nous dit que, jamais, la vénalité ne se mettrait de la partie, et que la voix de certains conseillers n'appartiendrait pas au plus offrant?

On le voit, de quelque côté qu'on tourne ses regards, dans l'état actuel de notre société, le suffrage à deux degrés n'offrirait pas les garanties que certains esprits en attendent. La puissance politique serait entre les mains d'exploiteurs intrigants et non entre celles d'hommes honnêtes et modérés. Que ceux qui persistent dans ce système pèsent bien ces raisons; elles ont leur gravité.

CHAPITRE DEUXIÈME

DU SUFFRAGE UNIVERSEL DIRECT.
TROIS SOURCES DE RÉFORMES:
AGE. — INCAPACITÉS. — DOMICILE.

Le rétablissement du suffrage restreint ou du suffrage à deux degrés étant impossible, c'est le suffrage universel direct lui-même qu'il faut chercher à améliorer.

Mais c'est là une œuvre pleine de périls. Ceux qui l'entreprendront, devront profiter des enseignements du passé, et ne pas perdre de vue les habitudes prises, depuis vingt ans, par le peuple en matière électorale.

Un des moyens employés par Louis Bonaparte, en 1852, pour exciter l'opinion publique contre la chambre des députés et préparer le coup d'État du 2 décembre, fut de proclamer devant la nation que la loi du 31 mai, dont il était un des auteurs, portait atteinte à la souveraineté nationale. Cette loi, cependant, n'exigeait que des précautions bien légitimes : un domicile de trois ans, l'inscription au rôle de la taxe personnelle, ou le payement de la prestation en nature pour les chemins vicinaux. Mais, elle avait le tort de devancer l'opinion publique, qui n'en comprenait pas encore l'utilité; et, de rétablir une disposition qui, quoique de très-loin, ressemblait un peu au cens électoral, et devenait, par ce seul fait, impopulaire.

Renouveler de semblables exigences, serait impossible aujourd'hui. L'idée démocratique socialiste est loin d'avoir rétrogradé ; et tout ce qui, de près ou de loin, rappellerait le cens, froisserait vivement le sentiment public.

Il faut puiser à une autre source, pour trouver un remède à la fois énergique et prudent. Voici les mesures que nous proposons.

Suivant nous, la liste électorale devrait comprendre : Tous les Français âgés de 24 ans accomplis, jouissant de leurs droits civils et politiques, n'étant dans aucun cas d'incapacité prévu par la loi, et, ayant, depuis une année au moins, leur domicile réel dans la commune, conformément aux articles 102, 103, 104, 106 et 107 du code civil[1].

En résumé, trois sources de réformes : l'âge, les incapacités et le domicile.

I. Le droit électoral est attribué par la loi à tout citoyen âgé de 21 ans. A cet âge, a-t-il assez d'intelligence des questions politiques et sociales,

1. Article 102. — Le domicile de tout Français, quant à l'exercice de ses droits civils est au lieu où il a son principal établissement.

Article 103. — Le changement de domicile s'opérera par le fait d'une habitation réelle dans un autre lieu, joint à l'intention d'y fixer son principal établissement.

Article 104. — La preuve de l'intention résultera d'une déclaration expresse faite, tant à la municipalité du lieu

assez d'intérêts particuliers pour pouvoir les confondre dans une même sollicitude avec l'intérêt général ? On peut répondre hardiment : non. A 21 ans, le jeune homme a trop de fougue et pas assez de raison, trop de tendances vers de folles théories et pas assez de sens pratique, pour user avec une complète sagesse de ses droits politiques. A 24 ou 25 ans, au contraire, il s'est déjà fait une position ; il a conquis son indépendance, arrêté son avenir et calmé ses passions. La plupart du temps il est marié ou sur le point de l'être ; et il trouve dans ce lien sacré, le frein le plus puissant à ses utopies sociales.

Quelle est d'ailleurs la raison, pour laquelle

qu'on quittera, qu'à celle du lieu où on aura transféré son domicile.

Article 106. — Le citoyen, appelé à une fonction publique temporaire ou révocable, conservera le domicile qu'il avait auparavant, s'il n'a pas manifesté l'intention contraire.

Article 107. — L'acceptation des fonctions conférées à vie emportera translation immédiate du domicile du fonctionnaire dans le lieu où il doit exercer ces fonctions.

le législateur a attribué le droit électoral à tout citoyen âgé de vingt et un ans? C'est que cet âge est celui de la majorité dans la famille. Mais il a négligé de remarquer que le jeune homme de vingt et un ans, s'il est majeur quant aux choses, est encore mineur quant à sa personne ; il peut administrer et aliéner ses biens, mais il ne peut se marier de son plein gré ; jusqu'à vingt-cinq ans, il lui faut le consentement de ses père et mère. Par quelle étrange contradiction, je le demande, une loi vient-elle déclarer capable de comprendre les vrais intérêts du pays, celui-là même qu'une autre loi déclare n'avoir ni la raison assez sûre, ni le cœur assez sage pour disposer de lui-même et engager son avenir?

Il y a un second motif, plus péremptoire encore, pour reculer l'âge de l'électeur ; c'est la discipline de l'armée. Entre la baïonnette et le bulletin de vote, entre les devoirs du soldat et les droits d'un homme politique, il y a une de ces incompatibilités flagrantes que les plus détestables théories césariennes seules, ont pu faire oublier. Du moment où il se dévoue à la défense de la patrie, le soldat renonce à prendre parti pour ou contre les diverses opinions qui la divisent ; autrement, son intervention, quelque pacifique qu'elle soit, implique toujours par elle-même une menace de guerre civile.

Or, si l'on admet, comme il faut l'espérer, le principe du service obligatoire, le temps pendant lequel les citoyens feront partie de l'armée active sera vraisemblablement de trois années. Dès lors, l'âge de vingt-quatre ans doit être celui à partir duquel les Français entreront en possession de leurs droits électoraux.

L'école révolutionnaire, nous le savons, n'admet pas que le soldat se désintéresse des choses de la politique, et l'on a vu, dans les derniers jours de l'empire, des orateurs de la gauche se faire, au sein du Corps législatif, l'écho de cette pensée. La presse radicale va plus loin encore ; elle pense que tout électeur a droit à un fusil pour défendre son opinion [1]. Heureusement les

1. « Dans une République digne de ce nom, le peuple doit

leçons de la dernière guerre n'ont pas été perdues pour tout le monde. La France a compris ce que l'indiscipline peut amener de malheurs; et l'opinion publique reconnaît, aujourd'hui, la nécessité d'enlever toute préoccupation politique au soldat. Aussi, peut-on, sans danger, reculer l'âge auquel l'électeur sera appelé à voter ; pourvu toutefois que l'on ait soin de faire coïncider exactement la privation du droit électoral avec le temps passé dans l'armée active.

Au point de vue conservateur, cette réforme serait une garantie considérable ; c'est un million de citoyens environ, à rayer des listes électorales, et des plus turbulents. Il est à penser, en outre, qu'un des grands bienfaits du service obligatoire sera précisément d'habituer cette jeunesse trop indépendante à savoir obéir. Souvent, à peine émancipée, elle croit élégant de faire sa

« avoir deux moyens d'exercer sa souveraineté : le bulletin
« de vote pour revendiquer la liberté, et le fusil pour la dé-
« fendre, si on la menace. » — (Duportal, *Émancipation de
Toulouse, 20 décembre 1871).

cour aux idées révolutionnaires ; la discipline des camps effacera vite ces illusions : du drapeau militaire au drapeau de l'ordre il n'y a pas loin ; et il est probable qu'à son retour au foyer domestique, elle viendra se ranger sous ses plis.

II. La question des incapacités, elle aussi, doit être une source féconde de réformes. Dans tous les systèmes, il y a eu des incapacités électorales, et personne n'a jamais songé à s'élever contre elles. Il est donc possible d'en augmenter le nombre et surtout l'efficacité, sans déchaîner l'opinion publique.

Il faudrait les diviser en trois classes : les incapacités à vie ; celles qui seraient limitées au temps de la condamnation ; et celles qui se prolongeraient pendant cinq années au delà de l'expiration de la peine.

La première classe, celle des incapacités à vie, comprendrait :

1° Les condamnés à une peine afflictive et infamante, ou infamante seulement.

2° Les condamnés à un emprisonnement de six mois, au moins, pour vol, escroquerie, abus de confiance, soustraction commise par les dépositaires de deniers publics ou attentats aux mœurs, prévus par l'article 334 du code pénal.

3° Les individus qui, par application de l'art. 8 de la loi du 17 mai 1819 et de l'art. 3 du décret du 11 août 1848[1], auraient été condamnés pour outrage à la morale publique et religieuse ou aux bonnes mœurs, et pour attaque contre le prin-

---

1. *Loi du 17 mai 1819* sur la répression des crimes et délits commis par la voie de la presse ou par tout autre moyen de publication.

Article 8. — Tout outrage à la morale publique et religieuse et aux bonnes mœurs par l'un des moyens énoncés en l'article 1er, sera puni d'un emprisonnement d'un mois à un an et d'une amende de 16 francs à 500 francs.

Décret du 11 août 1848 relatif à la répression des crimes et délits commis par la voie de la presse.

Art. 3. — L'attaque par l'un de ces moyens, contre la liberté des cultes, le principe de la propriété, et les droits de la famille, sera punie d'un emprisonnement d'un mois à trois ans, et d'une amende de 100 francs à 5,000 francs.

cipe de la propriété et les droits de la famille.

4° Les individus convaincus d'avoir troublé ou d'avoir cherché à troubler l'État par l'illégal emploi de la force armée, la dévastation et le pillage public [1].

5° Les condamnés pour crime à l'emprisonnement, par application de l'article 463 du code pénal.

D'après la législation actuelle, un citoyen condamné pour crimes, peut, en certains cas, après l'expiration de sa peine, rentrer en possession de ses droits électoraux. C'est là une lacune qu'il est important de combler. Il est de toute justice, par exemple, que l'homme qui vient de subir dix ans de travaux forcés, ne puisse pas, après ces dix années, redevenir électeur. La société, elle aussi, a ses droits ; elle doit se protéger elle-même ; or, comment admettre qu'un citoyen qui a mérité une punition aussi sévère, possède une moralité

---

1. *Code pénal, titre I, chapitre I, section II, paragraphe 2, articles* 91 *à* 101 *exclusivement :* des crimes tendant à troubler l'État par la guerre civile, l'illégal emploi de la force armée, la dévastation et le pillage public.

suffisante pour contribuer, par son vote, au choix de ceux qui gouverneront le pays?

Il en est de même des condamnés pour vol, escroquerie, abus de confiance, attentat aux mœurs : quel est le propriétaire qui confierait à de tels gens, même repentants, le soin de lui désigner un gérant d'affaires intègre? Il n'en est aucun. Pourquoi donc l'État serait-il moins bien traité et devrait-il fatalement s'en remettre à de pareils hommes pour le choix de ses administrateurs?

Nous disions , il y a un instant, que le législateur prudent ne devait point puiser dans la loi du 31 mai les réformes du suffrage universel. Elle a eu un sort trop malheureux pour que l'on doive chercher à l'imiter; et nous sommes un peu, à son égard, comme ces superstitieux qui n'entreprendraient point un voyage le jour anniversaire d'un malheur. Toutefois, il ne faut pas pousser la répugnance jusqu'à laisser dans l'ombre une disposition excellente. Celle qui frappe d'incapacité électorale les individus condamnés pour outrage à la morale publique et religieuse, aux bonnes mœurs, à la propriété et aux droits de la famille est de ce nombre [1]. Combien de gens cherchent à se faire, soit dans la presse, soit dans les réunions publiques, une célébrité malsaine, par les extravagances de langage les plus subversives : il en est d'eux comme de ces journalistes qui, interpellés sur les nouvelles fausses qu'ils colportent, répondent naïvement que leurs lecteurs ont besoin de nouveautés. Intrigants de bas étage, ils veulent arriver à tout prix ; et, faute de talent, faute de considération personnelle, ils prêchent les théories les plus violentes, les plus insensées, afin d'attirer sur eux les regards des badauds et des naïfs, qui trop souvent se laissent prendre au piége. Il est bon de remédier à un pareil état de choses, en atteignant, dans l'objet

1. *Loi du* 31 *mai* 1851 (article 8) paragraphe 5. — « Seront rayés de la liste et ne pourront être élus les individus qui par application de l'article 8 de la loi du 17 mai 1849 et de l'article 3 du décret du 11 août 1848 auront été condamnés pour outrage à la morale publique et religieuse, ou aux bonnes mœurs et pour attaque contre le principe de la propriété et les droits de la famille.

même de leurs désirs, ceux qui, par une ambi-
tion détestable, ne craignent pas de saper ainsi
les bases mêmes de la société. Il faut les priver pour leur vie durant, non-seulement de la
faculté d'élire, mais de celle d'être élus. Et que
l'on ne dise pas que c'est là un attentat à la liberté ;
non, c'est la répression de la licence. Chez les
nations vraiment libres, les peines les plus sévères
sont édictées contre les hommes de désordre. On
y peut tout dire, tout écrire ; mais lorsque l'écri-
vain ou l'orateur a dépassé les limites du droit,
il tombe sous le coup de lois très-dures qui, à la
différence de ce qui se passe en France, sont rigoureusement appliquées. Et c'est ainsi que ces
heureux pays trouvent protection contre des excès
qui, sans cela, les feraient tomber à leur tour
dans le chaos révolutionnaire où la France se dé-
bat depuis quatre-vingts ans.

Il est encore une autre incapacité à vie qu'il
est indispensable d'établir. On n'en trouve trace,
jusqu'ici, dans aucune loi électorale préexistante :
elle atteindrait les individus convaincus d'avoir

troublé ou d'avoir cherché à troubler l'État par l'illégal emploi de la force armée, la dévastation ou le pillage public.

L'importance de cette innovation, au moment surtout où tant d'individus coupables d'avoir trempé dans les agissements de la Commune de Paris viennent d'être relâchés, sans autre forme de procès qu'une absolution plus ou moins orthodoxe du Président de la République, n'échappera point au lecteur. C'est le seul moyen d'éloigner de l'urne électorale un grand nombre de mauvais sujets, qu'aucun système, par ses rouages ordinaires, ne saurait atteindre.

Le Code pénal, il est vrai, punit de peines af-flictives et infamantes cette classe de criminels; et, à ce titre, ils sont tout naturellement, et par le fait même de la loi actuelle, privés de leurs droits politiques. Mais, cette privation est limi-tée à la durée de la peine, ce qui est une pre-mière lacune. En second lieu, et c'est là ce qui rend absolument nécessaire l'introduction de cette nouvelle incapacité dans la loi électorale, combien de fois, pour des motifs qu'il ne nous appartient pas d'apprécier, la justice française n'a-t-elle pas fait abstraction des moyens légaux dont l'armait le code pénal ! N'a-t-elle pas récemment laissé en paix, comme des gens honnêtes, des fauteurs de troubles, voire même certains membres de gouvernements insurrectionnels que la France a dû réduire en sacrifiant le plus pur de son sang !

Nous le savons, tout ce qui touche à la politique est extrêmement délicat ; il est même admis, par certaines écoles, qu'un crime dont le but est politique n'est pas un crime comme un autre, que celui qui a assassiné un citoyen haut placé est moins coupable que s'il avait tué un citoyen ordinaire ! Mais c'est précisément parce que ces erreurs sont répandues dans un grand nombre d'esprits, qu'elles sont admises par les gouvernés, et ce qui est plus surprenant encore, par certains gouvernements, que l'incapacité en question est indispensable. Ces mêmes hommes, en effet, ces fauteurs de troubles et d'anarchie, que, par pitié ou embarras, les tribunaux renvoient presque impunis dans leurs foyers, y redeviennent aussitôt des agents de désordre, et, par leurs manœuvres comme par leur vote, contribuent à fausser, autant que cela est en leur pouvoir, le suffrage des gens honnêtes et modérés. En les privant forcément, pour le reste de leur vie, de leurs droits électoraux, le législateur ne fera que prémunir l'autorité judiciaire contre certaines faiblesses ou certains embarras. Si cette incapacité avait existé, combien de citoyens, indignes de ce nom, qui, dans plusieurs de nos grandes villes, ont cherché à opposer le drapeau rouge au drapeau tricolore, se trouveraient en ce moment éloignés de l'urne électorale ! Le parti conservateur puiserait, dans la radiation de leurs noms sur la liste, une force considérable.

Le parti républicain serait le seul à y perdre au point de vue du nombre ; car, par une étrange fatalité, tous les coquins prétendent lui appartenir. Mais, il faut que les honnêtes gens qui placent le salut de la France dans l'adoption de la forme républicaine, le sachent bien ; tant qu'ils ne se sépareront pas ouvertement de ces faux frères, ils ne seront pas pris au sérieux par le reste du pays. Voilà pourquoi, même à leur point de vue, l'introduction de cette incapacité nouvelle qui, numériquement, leur enlèverait un appoint, leur serait moralement, favorable.

La seconde classe, celle des incapacités limitées au temps de la condamnation, comprendrait :

1° Les individus condamnés à une peine correctionnelle entraînant un emprisonnement de trois mois au moins.

2° Les individus auxquels les tribunaux, jugeant correctionnellement, ont interdit le droit de vote et d'élection, par application de l'art. 42 du code pénal.

3° Les faillis non réhabilités.

4° Les interdits.

Ce ne sont pas là des innovations pénales. Toutes ces incapacités sont puisées dans la loi de 1849, et n'ont jamais été contestées.

Enfin, il devrait y avoir une troisième classe d'incapacités : celles qui se prolongeraient pendant cinq années après l'expiration de la peine.

Elle comprendrait:

1° Les condamnés pour vagabondage ou mendicité.

2° Les notaires, greffiers et officiers ministériels destitués en vertu de jugements ou de décisions judiciaires.

3° Les militaires qui, pendant leur temps de service, auraient été condamnés à faire partie d'une compagnie de discipline.

4° Les condamnés à la surveillance de la haute police.

Ces dispositions peuvent paraître sévères ; mais on ne saurait entourer de trop de précautions l'accomplissement de ce grand devoir, qui s'appelle le vote.

Les condamnés pour vagabondage ou mendicité, ainsi que les officiers ministériels destitués en vertu de décisions judiciaires, offrirontils jamais une garantie quelconque à la société?

Et les condamnés à la surveillance de la haute police, que peut-on en attendre, même lorsque la justice se croit à l'abri de leurs criminelles tentatives? D'après la loi de 1849, ils ne sont pas nécessairement atteints, et les individus ayant à subir un emprisonnement de trois mois, ne sont privés de leurs droits politiques que lorsque leur peine est basée sur certains motifs déterminés. La loi nouvelle doit se montrer plus rigoureuse ; car, lorsque la justice a assez peu de confiance dans un individu pour le faire surveiller par la haute police, la société a le devoir de se prémunir contre son vote.

L'école républicaine, et même certains hommes appartenant au parti conservateur libéral, voudraient priver de l'exercice de son droit d'électeur qui ne sait ni lire ni écrire. De prime abord, il semble que ceux qui désirent l'établissement de cette nouvelle incapacité électorale, plaident une cause juste, et que le suffrage universel y gagnerait en lumières. Mais on ne tarde pas à s'apercevoir combien ils font fausse route ; et combien cette innovation, non-seulement imprudente, mais injuste, irait directement à l'encontre du but qu'ils veulent atteindre.

Qu'attendent d'elle, en effet, ses défenseurs ? Ils espèrent que les votes des électeurs seront plus éclairés. C'est là, dans l'état actuel de nos mœurs, une erreur formelle. Quelle est parmi les classes inférieures, celle qui manque le plus d'instruction ? C'est sans contredit, la classe des campagnards. Laquelle, au contraire, a les passions révolutionnaires les plus développées ? C'est la classe ouvrière des villes. En privant de voter ceux qui ne savent ni lire ni écrire, on frustrerait donc le parti de l'ordre des suffrages d'un grand nombre de citoyens paisibles et conservateurs par nature, tandis qu'on lui laisserait ceux d'individus le plus souvent sans aucun intérêt social. Pense-t-on rendre ainsi un grand service à la société ?

Et que l'on ne vienne pas dire que l'homme des villes, sachant lire et écrire, est, par ce seul fait, beaucoup plus éclairé que le paysan illettré. Entre ce dernier, doué d'un gros bon sens naturel, et le citadin qui débite en termes choisis, il est vrai, toutes les inepties, toutes les thèses humanitaires et socialistes que certains journaux lui ont appris à savourer, on ne saurait hésiter. D'ailleurs, de quel droit priverait-on cette catégorie de citoyens de participer à l'administration des deniers publics? Ne payent-ils pas l'impôt aussi bien que les savants? Lorsque l'on parle de rétablir le cens, le parti avancé sait bien crier à la réaction, à la mutilation des droits du pauvre ; à notre tour, nous lui demanderons de quel droit il veut empêcher ceux qui payent l'impôt de contribuer à la gestion de la fortune nationale.

De tout temps, d'ailleurs, les hommes politiques ont été frappés des inconvénients d'un pareil système. Aucune de nos grandes assemblées n'a établi cette distinction entre l'ignorant et le lettré. Soule la Convention, dans la constitution de l'an III, introduisit une disposition dans ce sens.

Mais elle n'était applicable qu'à partir de l'an XII de la République, c'est-à-dire neuf ans après[1]. Or, l'an XII de la République ne vint pas; et l'article 16 de la constitution ne fut jamais mis à exécution.

Aujourd'hui, on semble porté à le remettre en vigueur ; mais que les conservateurs y prennent garde, s'ils cèdent à une pareille tendance, non-seulement ils commettront un acte souverainement injuste, mais ils se porteront à eux-mêmes un coup mortel.

Tout en nous élevant contre ce nouveau cas d'incapacité électorale, nous voudrions arriver à rendre efficaces ceux que nous avons admis nous-mêmes. Ce n'est pas chose facile ; car les chefs de gouvernement usent souvent en France

---

1. Constitution de l'an III. — Article 16. Les jeunes gens ne peuvent être inscrits sur les registres civiques, s'ils ne prouvent qu'ils savent lire et écrire et exercer une profession mécanique. Les opérations manuelles de l'agriculture appartiennent aux professions mécaniques. Cet article n'aura d'exécution qu'à partir de l'an XII de la république.

du droit de grâce et d'amnistie dont ils sont re-
vêtus, et ils aiment d'autant plus à s'en servir,
qu'arrivant presque toujours au pouvoir après
une crise violente, ils en font tout naturellement
leur don de joyeux avénement. Malheureusement,
les révolutions ne chôment pas dans notre pays ;
elles s'appellent l'une l'autre, et il arrive alors
que les rois, les empereurs et les présidents de
république sont beaucoup trop souvent tentés de
se faire bien voir de leurs sujets.

Il n'y a qu'un moyen de parer à cet inconvénient, en ce qui regarde le suffrage universel ; on
pourra le taxer d'excessif, mais, jusqu'à preuve
du contraire, nous le qualifions de nécessaire ;
c'est la suspension du droit de grâce et d'amnistie
pour tout ce qui concerne les droits électoraux.
C'est trancher peut-être, bien incidemment, une
question fort épineuse ; mais où trouver un autre
moyen de protéger sûrement la société contre
la générosité forcée des chefs de gouvernement
qui, dans un pays comme le nôtre, descendent du
pouvoir aussi facilement qu'ils y montent? Ce que

nous affirmons, c'est que la privation des droits électoraux doit être une privation réelle ; il ne faut pas que le premier dictateur venu puisse la rendre inutile. A-t-on oublié que, le 5 septembre 1870, les hommes qui détenaient le pouvoir s'en furent processionnellement ouvrir les portes de sa prison à l'assassin Eudes et à tant d'autres ? Peu de jours après, du reste, le 31 octobre, ces criminels témoignaient de leur reconnaissance à leurs bienfaiteurs en cherchant à les renverser et en attentant à leur vie. Non, il est nécessaire que des hommes déclarés indignes du vote par la justice, ne redeviennent pas tout à coup, de par le bon plaisir de tel ou tel souverain, un danger pour la société.

Toutefois, dans les temps tourmentés où nous sommes, il peut arriver que des citoyens, plus imprudents que coupables, soient condamnés, pour des raisons politiques, à l'égal de grands scélérats. Il est nécessaire, dans ce cas, de laisser au pouvoir l'exercice du droit de grâce. Mais, comme il faut le prémunir contre toute tentation, même dans cette hypothèse, nous pensons qu'il ne doit avoir la faculté d'en user que par un décret de réhabilitation nominatif et spécial à chaque condamné, avec pièces à l'appui.

III. La troisième source de réforme à laquelle doivent puiser ceux qui veulent équilibrer le suffrage universel, c'est le domicile électoral ; suivant la solution qui sera donnée à cette grave question, le suffrage universel peut devenir une garantie d'ordre, ou continuer à être une arme perfide entre les mains des ennemis de la société.

La loi de 1849 et le décret de 1852 sont, sous ce rapport, d'une prodigieuse imprévoyance ; l'une et l'autre se contentent d'exiger de l'électeur, non pas un domicile réel et légal[1], mais une simple résidence de six mois dans la commune.

Or, c'est le pays livré à ses ennemis comme à ses amis ; c'est la licence introduite dans l'élection, et non la liberté. Depuis quand une so-

___

1. Loi de 1849 (article 2). — Décret de 1852 (article 18).

ciété a-t-elle perdu le droit d'exiger de chacune de ses institutions, des garanties d'ordre ?
Le suffrage universel, comme tout ici-bas, a ses
limites.

Cette vérité, du reste, avait été respectée jusqu'en 1848.

D'après la constitution de 1791, la garantie du
suffrage universel reposait à la fois dans l'obligation, pour l'électeur, de posséder un bien quelconque dont il payait l'impôt, sur ses lumières et
son instruction, qui étaient la conséquence du
suffrage à deux degrés, et aussi sur certaines
conditions de domicile [1].

L'Assemblée législative imita sa devancière, et,
sauf les conditions de cens, elle laissa subsister
toutes les autres. Le code civil, il est vrai, n'existait
pas à cette époque, et le domicile était plutôt une
simple résidence qu'un domicile réel. Toutefois,
il faut remarquer qu'il devait être d'un an, tandis
que la loi de 1849 et le décret de 1852 ne portent
la simple résidence qu'à six mois seulement.

1. Le citoyen actif devait être domicilié depuis un an.

Sous la Restauration et sous la Monarchie de 1830, le droit de suffrage était limité par le cens.

Seule la République de 1848, qui avait perdu les traditions de son aînée, crut qu'il était inutile d'entourer le suffrage universel d'une garantie quelconque, et elle abolit du même coup toutes les bases sur lesquelles il avait reposé jusque-là. Comme si une véritable fureur de faux libéralisme s'était emparée d'elle, elle supprima en même temps toute condition de cens et de domicile, et lança ainsi le pays dans les aventures qui se sont terminées par le vote des plébiscites impériaux.

A la République de 1848 succéda celle de 1849, fille de la précédente. Mais, telle que l'enfant qui a été témoin des folies de sa mère, elle se jeta dans les idées absolument opposées et, sous l'impression des défauts, exagéra le remède. Elle ne chercha plus la garantie du suffrage universel dans le cens ou dans le suffrage à deux degrés, mais elle fixa à trois années le domicile de l'électeur dans la commune. Cet espace de temps était beaucoup trop long : d'un excès on passait à un autre. On sait ce qui arriva : l'Empire, profitant de cette imprudence, livra, pendant vingt ans, la société française et lui-même à toutes les inconséquences, à toutes les bizarreries d'un suffrage sans limite, qu'il ne parvint à dompter que par une véritable guerre à l'honnêteté et à l'indépendance, qui recommençait à chaque élection nouvelle.

Faut-il maintenant comparer notre législation électorale avec celle des divers États de l'Europe. On verra que, seule, la France se livre pieds et poings liés aux caprices et aux tempêtes du suffrage universel.

En Suisse, dans le canton de Genève, par exemple, un électeur n'acquiert le droit de vote que par deux années révolues de domicile fixe dans le canton[1].

---

1. *Loi sur les élections suisses* (chapitre I, article 2). « Tout Suisse dans le canton de Genève, peut, après 2 ans révolus de domicile fixe dans le canton y exercer les droits politiques, si d'ailleurs il remplit toutes les autres conditions auxquelles sont soumis les citoyens du canton. »

En Belgique, ce même droit est subordonné à un cens électoral peu élevé, mais suffisant ; et, de plus, à un *domicile réel*, sans fixation de temps[1].

En Angleterre, il y a deux sortes d'électeurs : ceux des bourgs, qui doivent être domiciliés depuis un an, comme propriétaires ou comme fermiers, et, de plus, pendant la durée de ce domicile, avoir été imposés, pour les biens habités, aux diverses taxes des pauvres ; cette imposition laisse à supposer que l'électeur jouit d'une certaine aisance, puisqu'il doit venir au secours des indigents : ceux des comtés, qui doivent jouir d'un revenu net annuel de 5 livres (125 francs), ou posséder à bail, depuis soixante ans au moins, une propriété dont le revenu n'est pas inférieur à la même somme, ou bien encore être propriétaires ou tenanciers d'un bien d'une valeur imposable de 12 livres (300 francs).

[1]. *Loi belge du 12 mars 1848.* Article 1. « Le cens électoral pour les nominations des membres de la chambre des représentants est fixé pour tout le royaume au maximum établi par la constitution (soit 20 florins, soit 42 francs 32 centimes).

Il n'en est pas de même pour les élections au Reichstag allemand. Lorsqu'il s'est agi de constituer le parlement impérial, M. de Bismarck a proposé que les députés y fussent envoyés par le suffrage direct et universel de tous les citoyens. En outre, par une imprévoyance inexplicable dans un pays où l'on a l'habitude de tout prévoir, le législateur n'a exigé, de l'électeur, aucune condition de cens ni de domicile. Ce qui a déterminé le grand chancelier à agir ainsi, c'est, dit-on, la crainte de voir se renouveler, au sein du Reichstag, l'opposition taquine qu'il avait rencontrée, avant 1866, dans le parlement prussien, opposition provenant de la classe bourgeoise, qui est généralement l'élue du second degré. L'éminent homme d'État a pensé que la Prusse trouverait, à cette heure, dans le suffrage universel direct un esprit plus conservateur, plus attaché à la monarchie. Mais n'est-il point tombé dans la même faute que l'Assemblée de 1848 et que l'Empire ? En déliant l'électeur de toute entrave, ne s'est-il pas exposé à voir se produire, bientôt, dans son propre pays, ce qui arrive en France aujourd'hui ? Là, comme chez nous, les conservateurs s'endormiront vite sur les lauriers qu'ils viennent de cueillir, et alors gare les révolutionnaires. Avant peu, l'empire allemand pourrait bien se trouver réduit, ou bien à pratiquer la candidature officielle, et on sait à quoi cela aboutit, ou bien à imposer certaines conditions aux électeurs, qui trouveront peut-être alors qu'il est trop tard pour les établir.

Les nations étrangères, on le voit, ont toutes, à une seule exception près, exigé certaines garanties de l'électeur avant de lui donner le droit de vote.

Aujourd'hui, si la France ne veut pas s'exposer à périr en tombant entre les mains de la démagogie, il faut qu'elle suive les exemples qui lui sont donnés. Il faut qu'elle rende au suffrage universel une base sérieuse ; cette base, c'est le domicile.

Engager le combat sur ce terrain est chose périlleuse, mais urgente ; périlleuse, à cause de la

violence des partis ; urgente parce que sans un
contre-poids de ce genre, la société ne peut que
rouler à l'abîme.

Un an de domicile ; là, doivent se borner les
exigences des hommes sages ; mais de domicile
réel.

Ainsi procédèrent la première Constituante et
l'Assemblée législative ; les radicaux eux-mêmes
trouveront donc cet espace de temps raisonnable.
Récemment l'Assemblée nationale a aussi fixé à un
an le domicile de l'électeur dans la commune pour
prendre part au choix de ses administrateurs
municipaux[1]. Comme elle, nous voudrions que
l'on exigeât un domicile réel, et, pour qu'il n'y
eût pas d'erreur possible, que l'on expliquât,
en termes précis, en quoi consiste la réalité du
domicile.

Pour cela, il faut se reporter au titre même du
Code civil, intitulé : *Du domicile.*

Suivant nous, il est un de ces articles qui ne
doit point être appliqué, lorsqu'il s'agit de ma-

[1]. Loi municipale du 14 avril 1871.

tière électorale ; c'est l'article 105 où il est dit :

« A défaut de déclaration expresse, la preuve « de l'intention dépendra des circonstances. »

Tout le secret, toute l'efficacité du domicile électoral réside dans la suppression de cet article : Pour qu'il y ait changement légal de domicile, il est nécessaire d'exiger la volonté expresse de l'électeur ainsi que certaines formalités administratives. Que se passerait-il sans cela ? Il y a des milliers d'individus qui quittent journellement leur village pour une cause ou pour une autre, qui s'en vont faire leur tour de France, comme disent les ouvriers, qui se fixent pour deux ou trois ans seulement, dans une grande ville, où ils ne tardent pas à être affiliés à des sociétés secrètes, telles que l'*Internationale*. Poussés par leurs chefs de file, au moment de la confection des listes, ils sauraient bien invoquer l'article de loi que nous venons de citer : ils diraient qu'ils habitent depuis plus d'un an dans la commune, que de cette circonstance résulte leur intention d'y fixer domicile,

et les magistrats municipaux seraient obligés d'admettre au scrutin cette population flottante des
villes, étrangère à tout intérêt de la cité, que les
meneurs font voter à leur gré, dans un sens ou
dans un autre.

Si, au contraire, ces mêmes hommes, qui, après
tout, ne sont nomades que pour un certain temps,
sont obligés, pour témoigner leur intention, de
faire une déclaration expresse, avec pièces à
l'appui, dans la commune qu'ils quittent, comme
dans celle où ils arrivent, ils y regarderont à
deux fois. Avec le désir de retour qu'ils ont
presque tous, ils se décideront, non sans peine, à
abandonner leur berceau *légalement*. De plus,
combien d'entre eux négligeront les formalités administratives, et, par là, s'interdiront à eux-mêmes
la faculté de prendre part au vote dans l'endroit
où ils seront le jour d'une élection.

Et ce n'est point là une atteinte à la liberté des citoyens, car nul n'est privé de son droit. L'exercice
de ce droit est rendu, il est vrai, un peu plus difficile pour les hommes errants et désœuvrés, mais,

c'est justice. S'ils tiennent à en user, ils auront deux moyens à leur disposition : le premier, de remplir la formalité légale : le second, d'aller voter à leur domicile réel. Dans le premier cas, la société trouvera une garantie dans le fait même de l'électeur assez sûr de lui-même et de ses idées d'avenir pour changer son domicile ; dans le second, la garantie sera plus efficace encore, car les mêmes hommes qui, au sein de nos grandes villes corrompues, se laissent facilement entraîner dans la voie révolutionnaire, subissent une influence toute contraire dès qu'ils reviennent au foyer domestique.

Certains conservateurs que la seule pensée du suffrage universel fait frémir, et qui voient en lui des éléments révolutionnaires beaucoup plus développés qu'ils ne le sont en réalité, traiteront les précautions que nous venons d'indiquer d'illusoires : il faut cinq ans de domicile, disent les uns, il en faut trois, disent les autres. Nous ne pouvons que leur répéter ce que nous avons dit déjà dans le courant de ce travail : il faut traiter le suffrage universel avec souplesse, sous peine de provoquer une crise, dont le passé est un sûr garant. Deux ou trois années de domicile vaudraient mieux qu'une seule, cela est incontestable ; mais, le moment n'est pas encore venu de les imposer à l'électeur. Notre histoire électorale ne contient aucune condition aussi dure ; et l'on courrait risque de voir une grande partie du pays se cabrer contre de semblables exigences.

Vous demandez des remèdes légaux à l'aveuglement, au manque de sincérité du suffrage universel ? Je vous répondrai : le véritable remède n'est pas seulement dans la loi, il est encore, et surtout, dans les actes que vous ferez pour éclairer l'électeur ; il est dans votre union à tous, dans la peine que vous vous donnerez en vue des élections, dans l'organisation de votre parti, dans l'oubli de vos rivalités, dans l'apaisement de vos haines réciproques, dans les concessions mutuelles que vous saurez vous faire,

dans les sacrifices d'argent pour la cause commune. Il est surtout dans le vote lui-même.
Qui est-ce qui déserte à l'heure qu'il est l'urne
électorale, si ce n'est vous ? Vous vous plaignez
d'être débordés, et vous n'opposez même pas le
poids de votre suffrage au flot qui monte.
L'abstention a fait beaucoup plus de mal à la
société que le suffrage universel que vous ac-
cusez. Ce galeux , d'où vient soi-disant tout
notre mal, a bon dos : aussi frappe-t-on sur lui
à coups redoublés, tandis que ceux qui tiennent
la verge feraient bien de la retourner de temps en
temps contre leur propre personne.

CHAPITRE TROISIÈME.

DE L'ABSTENTION ET DES REMÈDES QU'IL CONVIENT D'Y APPORTER.

L'abstention ! voilà la vraie plaie, le ver rongeur de la société ! L'abstention ! c'est là notre mal, et le plus grand obstacle à l'établissement de la vraie liberté.

La liberté, c'est la lutte. Or, comment lutter avec des soldats qui se refusent à marcher ! Une poignée de bandits vient à bout d'un régiment tout entier, quand il met la crosse en l'air. Ainsi font ceux qui s'abstiennent de prendre part au vote. Ils livrent leur pays aux factieux, aux casse-cou politiques, qui savent se glisser partout, et permettent à des minorités souvent méprisables de devenir des majorités factices et de s'emparer du gouvernement.

En France, à peine un parti a-t-il triomphé qu'il croit inutile de demeurer sous les armes. Au 8 février 1871, les conservateurs gagnent une grande bataille ; ils s'endorment aussitôt, et se laissent surprendre et vaincre le 2 juillet suivant. A cette même date, les radicaux triomphent à Marseille ; dans l'ivresse du succès, ils oublient que le combat va recommencer, et le 8 octobre, aux élections des conseils généraux, ils abandonnent le terrain aux *ultra-radicaux*. Dans nos luttes électorales, comme dans nos luttes militaires, nous sommes toujours vaincus, faute de vigilance, et par surprise.

L'histoire nous apprend que, depuis cent ans, c'est à l'abstention que nous devons la plus grande part de nos malheurs. Aux plus mauvais jours de la révolution, les hommes qui ont ensanglanté la France ne furent élus qu'à de très-faibles minorités. Sur 80,000 électeurs inscrits, Pétion fut nommé maire de Paris par

6,600 seulement. Sur le même nombre, Danton fut proclamé procureur-syndic de la Commune par 1,662 suffrages ; Hébert et Chaumette en devinrent membres dans les sections, l'un par 56 voix et l'autre par 53. La Convention elle-même ne fut nommée que par 1,500,000 électeurs dans toute la France. « Voilà, s'écrie un éloquent écri-
« vain [1], ce que fit alors la défaillance, et, je dirai
« le vrai mot, la défection des honnêtes gens. »

Depuis lors, les mêmes faits se sont toujours reproduits. Au 8 février 1871, sur 545,605 élec-teurs inscrits, Félix Pyat est nommé député à l'Assemblée nationale par 141,531 suffrages ; Delescluze, par 141,439 ; Ranc, par 107,329 ; Millière, par 93,672.

N'est-ce pas le cas de répéter avec Alphonse Karr : plus ça change, plus c'est la même chose. Et, si la loi n'intervient, il en sera toujours ainsi chez un peuple dont l'indifférence semble devenir le caractère principal : indifférence patriotique,

1. Lettre sur les prochaines élections, par Mgr Dupanloup évêque d'Orléans. (8 février 1871)

indifférence religieuse , indifférence politique , n'est-ce pas le triste spectacle que nous avons sous les yeux ?

Combien de gens se disent qu'en ne votant pas, ils ne font ni bien ni mal. Oublient-ils donc que la voix qu'ils enlèvent à leur parti est une voix pour leurs adversaires ? Leur abstention est une sorte de vote négatif dont ils sont responsables devant la société ; et c'est pourquoi le vrai patriotisme la flétrira toujours comme une trahison et une lâcheté.

Malheureusement la désagrégation des partis et l'apathie des honnêtes gens sont trop complètes pour que l'on puisse espérer d'eux une conversion volontaire. On ne peut se fier uniquement aux leçons du passé pour réformer l'avenir ; les partis sont comme les individus, oublieux, insouciants; frappés un instant par l'évidence du danger, l'instant d'après, ils en perdent conscience. Et cependant, il est là, menaçant, immense ; la lutte est engagée ; nous allons périr, si l'on ne vient à notre secours.

Ce secours, qui nous le donnera ?

La loi, en imposant au citoyen l'obligation de voter, sauf les cas d'exception valablement présentés et régulièrement admis.

C'est là un principe de toute justice envers la société.

« Le droit électoral n'est point un droit ex-
« clusivement personnel, l'un de ces droits de
« nature que l'État reconnaît sans les créer et
« qu'il garantit aux individus, en leur laissant
« la faculté d'en user ou de ne pas en user, voire
« même d'en abuser, selon leur bon plaisir ; c'est
« un droit social, un droit institué dans l'intérêt
« de la communauté ; la communauté y doit
« avoir l'œil, et y tenir la main sous l'empire du
« suffrage universel[1]. »

Mais il n'y a pas d'obligation légale sans sanction, et c'est là que commence la difficulté. Toutefois, elle ne nous paraît pas insurmontable.

Selon nous, tout électeur présent dans la com-

----

1. Duc de Broglie : *Vues sur le gouvernement de la France :
Des Communes.*

mune le jour de l'élection, qui n'aura pas pris part au vote, devrait, dans les quinze jours qui suivront, être obligé de justifier son abstention devant le maire, assisté de deux conseillers municipaux, désignés par le conseil. Ainsi constitué, ce petit jury serait juge en dernier ressort de la valeur de l'excuse. Si cette excuse n'était pas admise, l'électeur serait inscrit d'office, et sur la simple signification du maire de la commune, au rôle des prestations, pour trois journées de travail en nature, ou leur équivalent en argent. Dans les communes au-dessus de 3,000 habitants, le maire pourrait, afin de hâter l'instruction de ces délits électoraux, déléguer ses attributions à ses adjoints et aux membres du conseil municipal, en les répartissant en autant de jurys que cela serait nécessaire.

Un tel système serait efficace, sans être vexatoire ; il serait pratique, sans porter atteinte à la liberté des citoyens.

Un premier point incontesté, c'est que le vote ne doit être obligatoire que pour les électeurs présents dans la commune, le jour du vote. Ce serait porter atteinte à la liberté individuelle que d'obliger un citoyen absent de revenir souvent de très-loin pour voter. Si donc il est démontré qu'il n'était pas présent sur le territoire de la commune, par ce seul fait, et sans que le juge ait à s'enquérir de la cause de son absence, il ne doit subir aucune peine pour son abstention.

Viennent ensuite les cas d'excuse. On pourrait les réduire à trois : la maladie, les intempéries de la saison et les affaires urgentes.

La maladie ! Rien n'est plus simple à prouver.

Les intempéries de la saison offrent un champ plus difficile à l'appréciation ; et j'entends d'ici les adversaires de l'obligation en matière de vote s'écrier : Combien de degrés de froid, combien de pouces de neige, combien d'heures de pluie faudra-t-il pour être exempt de l'amende ? Plaisanteries charmantes, en vérité, mais faciles à réduire à néant. Sera-t-il donc impossible au jury communal d'apprécier avec justice ce que dans ces circonstances les électeurs pouvaient et devaient faire ? Et puis, quelle inclémence de saison, ou quel bouleversement de l'atmosphère, ne faut-il pas supposer pour qu'il soit admissible que, pendant vingt-quatre heures, les habitants d'une commune n'aient pas eu la possibilité de porter leurs suffrages à l'urne électorale ! Quant à ceux que la distance et la difficulté des routes auraient réellement arrêtés, c'est un fait matériel bien facile à constater. Il est clair, par exemple, que si, dans un pays montagneux, une élection a lieu pendant les neiges, certains hameaux, très-éloignés du bourg où est l'urne électorale, devront être dispensés de l'obligation de voter, et, par conséquent, de l'amende.

Les affaires urgentes ! C'est un mot très-élastique, trop peut-être ; car on peut en abuser, et alors il rendrait le système tout entier illusoire. Mais ne vaut-il pas mieux lui laisser courir cette chance défavorable que de provoquer contre lui une réaction funeste qui, par la suite, serait sans remède ?

Quant aux juges de l'excuse, nous avons pro-

posé que ce soit le maire, assisté de deux conseillers municipaux désignés par le conseil. Si
l'on suppose, comme cela doit être, que le vote
aura lieu désormais à la commune, on verra que
l'on n'a pas le choix, et que c'est nécessairement
de cette source que doit émaner cette sorte de magistrature communale. Le maire de la commune
a toutes les qualités requises pour exercer avec
justice et efficacité un tel mandat. Au point de
vue de l'impartialité de son verdict, quelle
crainte peut-il inspirer? Élu, dans la grande majorité de nos communes, par son conseil municipal, il a tout avantage à se faire bien voir des
habitants ; et, si l'on devait redouter quelque
chose, ce serait plutôt sa trop grande indulgence.

L'adjonction de deux conseillers municipaux
ayant eux-mêmes la confiance de la population,
puisqu'ils sont ses élus, et celle du conseil, puisqu'ils seront désignés par lui, sera d'ailleurs un cor-
rectif puissant à ses faveurs ou à ses faiblesses.

Ainsi composé, ce tribunal offre toutes garanties d'impartialité, et dispense, en outre, d'éta-

blir un tribunal d'appel, ce qui serait d'une impossibilité absolue dans la pratique. Dans une commune de 500 âmes, où trouverait-on, en dehors du conseil municipal, les éléments d'un tribunal d'appel? Il faudrait donc obliger l'électeur à se rendre au chef-lieu de canton, pour s'expliquer devant le juge de paix et à dépenser, en frais de déplacement, une somme, la plupart du temps, supérieure à l'amende qu'il a encourue, et à laquelle, peut-être, il ne serait même pas condamné?

Une pareille procédure est impraticable.

Le maire et les deux conseillers désignés doivent être juges souverains dans des appréciations de ce genre; leur position garantit leur impartialité. N'ont-ils pas tous, en effet, à ménager leur popularité? Et quoi de plus populaire que l'impartialité d'un juge!

Quant à des difficultés pratiques, elles ne sont pas ce qu'on veut bien dire. Que se passera-t-il pendant les quinze jours qui suivront l'élection? Dans la plupart des petites communes, le maire annoncera que, le dimanche suivant, le jury électoral siégera à la mairie, de telle heure à telle heure, pour entendre les explications des citoyens qui se seront abstenus. Ceux qui se présenteront s'expliqueront, et s'en retourneront absous, s'il y a lieu. Ceux, au contraire, qui ne se présenteront pas, seront, par ce seul fait, considérés comme n'ayant pas d'excuse valable, et portés d'office au rôle des prestations pour trois journées de travail; ils seront tenus de les acquitter soit en nature, soit en argent, lors de la signification qui leur en sera faite par le percepteur sur le rôle annuel de leurs contributions. Le mécanisme, on le voit, est des plus simples dans l'exécution.

En outre, la sanction sera des plus efficaces. Les gens de la campagne, et ce sont ceux qui, généralement, désertent le plus volontiers l'urne électorale, n'ignorent pas ce que c'est qu'une journée de prestation. Aucune corvée ne leur cause plus d'ennuis; et si, la première fois, ils s'y exposent, la seconde, ils y regarderont de plus près.

Trois journées de travail en nature, ou leur valeur en argent, c'est-à-dire cinq francs en moyenne, peuvent paraître à quelques personnes une sanction bien illusoire. Il n'en est rien cependant, et il faut bien peu connaître l'habitant des campagnes, voire même l'ouvrier et le boutiquier des villes pour éprouver ces craintes.

Cette pénalité si minime sera plus efficace, nous en avons la conviction, que toutes les conditions de domicile, que ces organisations plus ou moins utopiques du suffrage universel. En exigeant un long domicile, en rétablissant le suffrage à deux degrés, on n'empêchera pas bon nombre de citoyens essentiellement mauvais de prendre quand même part au vote. En faisant voter tous les électeurs, on arrivera à noyer le petit nombre des braillards dans le grand nombre des conservateurs. Ce grand parti, qui n'est autre que le parti de l'ordre, pourra ainsi, légalement, par le fait même du principe de la souveraineté nationale, réduire ses ennemis à l'impuissance absolue.

Ce jour-là, le suffrage universel donnera des

résultats tout différents de ceux qu'il donne aujourd'hui : il sera une institution essentiellement conservatrice, et ceux qui sont ses adversaires deviendront ses plus chauds partisans.

Il y a peu de jours, en Belgique, tandis qu'une foule en habits noirs provoquait des soulèvements coupables aux portes de la Chambre, on a entendu les conservateurs catholiques réclamer publiquement l'extension du suffrage universel. Les doctrinaires, au contraire, ont défendu plus énergiquement que jamais le cens électoral, sentant bien que leur force ne réside que dans la bourgeoisie irréligieuse et jalouse, qui venait de troubler la paix publique. En France, lorsque tous les citoyens seront tenus de voter, il se produira des revirements analogues : on verra les radicaux recommencer la campagne qu'ils avaient entreprise entre le 8 février et le 2 juillet 1871 contre le suffrage universel, lorsqu'ils se croyaient délaissés par lui, et ce seront les conservateurs qui prendront sa défense.

Et que l'on ne vienne point objecter que l'amende aurait pour résultat de forcer la moitié de la France à traquer et à poursuivre l'autre.

En vérité, croit-on donc que les Français professent un tel mépris pour la loi, et surtout pour l'argent, que l'idée de voir la quotité de leurs contributions augmenter, ne suffise pas à les attirer à l'urne électorale?

Que nous offre-t-on, du reste, à la place du vote obligatoire?

Une sorte de système bâtard, d'après lequel la majorité absolue des électeurs inscrits serait nécessaire pour faire l'élection. Le collége électoral qui, au second tour de scrutin, n'aurait pas réalisé cette condition indispensable, serait privé de représentation élue, et s'en verrait désigner une d'office par la chambre des députés. De quoi, dit-on, pourraient se plaindre les populations? Elles seraient punies par où elles auraient péché, et leur indifférence tournerait généralement à bien; car, ou elles se corrigeraient et voteraient plus tard, ou elles continueraient à s'enfermer dans l'indolence. Dans le premier cas, elles finiraient par de bons choix ; dans le second, elles laisseraient aux pouvoirs établis la faculté de faire d'excellentes désignations.

En vérité, ceux qui se font les défenseurs d'un tel système, ont-ils bien réfléchi aux conséquences qu'il entraînerait avec lui, à quelles excitations il donnerait lieu dans les circonscriptions où il serait mis en pratique, et enfin à la situation qui serait faite, dans le sein de la chambre, aux députés qui seraient ainsi désignés.

Les minorités importantes ne seraient-elles pas en droit de se révolter? Car, enfin, ce seraient elles qui, innocentes, expieraient la faute des coupables. Elles protesteraient avec raison, et nourriraient des sentiments de juste vengeance contre l'assemblée qui aurait choisi probablement dans les rangs de leurs adversaires les représentants de la circonscription. Par contre, les députés issus d'un semblable suffrage seraient en tutelle permanente; votant, dans toutes les questions, sous l'œil de ceux qui les auraient choisis, ils seraient obligés de se soumettre à une sorte de mandat impératif, qui ne serait digne ni d'eux, ni du pays. Enfin, la majorité du parlement, usant de son droit, profiterait probablement de cette prérogative pour s'adjoindre des auxiliaires puissants. Mais, qui nous dit qu'ils seraient en conformité de vues avec la France? Qui nous dit, surtout, qu'ils seraient la fidèle image de l'opinion dans la circonscription vacante? Un tel système serait plus vexatoire, sans nul doute, que le vote obligatoire lui-même, et il n'en réaliserait pas les deux principaux avantages : celui de vaincre le parti avancé par l'intervention du grand nombre des conservateurs, et celui de sortir les Français de cette indolence fatale qui explique seule le succès de toutes nos révolutions.

Non ; le vote obligatoire n'est pas une atteinte à la liberté du citoyen. Il est de mode, depuis quelques mois, de s'abriter derrière ce grand mot de liberté individuelle pour mettre obstacle aux réformes qui peuvent seules sauver la patrie. « Toujours au nom de la liberté, s'écrie« t-on, tout va devenir obligatoire : l'instruction,

« le service militaire, le vote. Molière a fait le
« *Médecin malgré lui;* que n'est-il là pour nous
« dépeindre avec sa plume mordante ce que
« serait l'*électeur malgré lui?* »

Triste plaisanterie! mais stratagème habile
dans un pays où les mots jouent un si grand rôle!
Rien n'est plus faux cependant. Les lois ne
sont-elles pas toujours faites en vue d'obliger les
hommes à remplir certains devoirs, dont l'inexé-
cution porterait préjudice à leurs concitoyens? Le
droit électoral n'a pas été introduit seulement
au profit de celui qui l'exerce; il a été inventé pour le bien de la société tout entière. De
là il résulte que le vote est un devoir, et un devoir strict. La loi de la solidarité humaine est
plus puissante là que partout ailleurs. Lorsque la
maison du voisin brûle, vous n'avez pas le
droit de la regarder brûler en vous croisant les
bras; on peut, on doit vous contraindre à lui
porter secours. Il en est de même dans le cas
d'une élection. Suivant que tel ou tel nom triomphera, c'est la paix publique ou l'anarchie qui

triomphera avec lui. Les hommes d'ordre qui vous aperçoivent contemplant avec indifférence la société qui croule, sous les coups répétés de la démagogie, ont le droit de vous demander raison de cette attitude.

Au commencement de ce livre, nous avons posé cette question : Quels seront ceux qui doivent être appelés à voter ? En deux mots, voici la réponse :

Le plus de citoyens possible.

Le véritable remède au suffrage universel est dans son extension plutôt que dans sa restriction : en l'étendant, on peut en tirer d'excellents résultats; on ne peut pas le restreindre sans risquer une révolution violente.

CHAPITRE QUATRIÈME

DU SCRUTIN DE LISTE.

Dans le suffrage universel, il doit y avoir deux
sortes de garanties : celles résultant de l'électeur,
nous venons de les examiner ; et celles qui résultent du vote lui-même, nous allons en parler.

Le mode de votation peut influer d'une façon
décisive sur les noms qui sortent de l'urne électorale. Suivant la délimitation des circonscriptions et le fonctionnement du suffrage, il se peut
que l'électeur devienne victime d'intrigues ou de
supercheries qui dénaturent complétement sa
pensée et son vote. La société doit donc prendre

là aussi des assurances sérieuses d'ordre, de moralité et de liberté.

Le scrutin de liste, que l'application de la loi de 1849 nous a rendu, est-il, de tous les genres de scrutin, celui qui permet à l'électeur de voter avec le plus de connaissance de cause, qui favorise le plus son indépendance ? Nous ne le pensons pas, malgré certaines apparences trompeuses qui lui ont créé des amis plus intéressés que convaincus.

Tel qu'il a été pratiqué jusqu'ici, le scrutin de liste est absolument incompatible avec le suffrage universel direct.

Qu'est-ce, en effet, que le scrutin de liste ? C'est le département pris comme circonscription électorale, c'est l'intelligence de l'électeur mise, par ces élections multiples, à une quadruple ou quintuple épreuve ; c'est le monopole de l'intrigue, c'est la direction du vote laissée aux plus entreprenants, qu'ils s'appellent opposition ou autorité gouvernementale ; c'est la destruction fatale, chez les citoyens, de tout sentiment personnel ;

c'est l'abnégation forcée de leurs préférences ;
c'est l'obéissance inévitable à un mot d'ordre ; et
pour tout dire, c'est la servitude en matière électorale ; et tout cela en face de l'électeur, la plupart du temps ignorant et facile à tromper. Sous
l'Empire, les libéraux proclamaient unanimement
que le suffrage universel, malgré des circonscriptions restreintes qui ne comprenaient qu'un seul
représentant, marchait à tâtons ; et l'on viendrait
prétendre aujourd'hui que le même suffrage exercé
dans des circonscriptions quatre ou cinq fois plus
étendues, devant porter sur six ou huit noms au
lieu d'un seul, peut agir avec plus de clairvoyance !
C'est là une utopie dont reviendront vite ceux qui
la partagent, le jour surtout où les élections au
scrutin de liste auront donné de mauvais résultats.

La vérité est que plus le chiffre des représentants à élire est grand, plus le suffrage universel agit dans l'obscurité.

C'est le résultat de l'ignorance générale, et
surtout de la désorganisation des partis.

L'ignorance ! Qui oserait la nier ? Non-seulement l'ignorance grossière, l'ignorance crasse, mais cette ignorance résultat de la paresse, et de la mauvaise éducation, d'autant plus dangereuse, qu'elle se cache sous les apparences d'une demi-instruction ! On a dit de la France qu'elle avait été battue dans la guerre avec la Prusse, autant par la supériorité intellectuelle de ses ennemis, que par leur nombre. Rien n'est plus vrai ; il est juste, toutefois, d'ajouter que là où l'ignorance a été la cause de nos malheurs, c'est bien plus chez l'officier que chez le soldat, bien plus, par conséquent, dans les classes intermédiaires que dans le peuple. Le même effet se produit, pendant nos luttes électorales : c'est bien plus à ceux qui devraient avoir puisé dans leur éducation un certain bon sens, une certaine rectitude de jugement, qu'est dû l'égarement des masses ignorantes, qu'au peuple lui-même.

La désorganisation des partis ! Elle est pire encore. Pendant vingt ans, l'Empire a jeté le trouble et la désunion parmi les conservateurs ; il a cherché à détruire les influences locales, et malheureusement, sur plus d'un point il y est arrivé ; aussi leurs débris épars ont-ils de la peine à se rassembler. Les partis monarchiques, par un sentiment très-respectable, mais peu prévoyant, ont sacrifié à la tranquillité publique leurs affections politiques ; ils se sont retirés des affaires et aujourd'hui, au lendemain de nos désastres, ils sont sans homogénéité, sans cohésion, sans discipline et sans chefs. Les radicaux, au contraire, qui se soucient peu de la paix du pays, n'ont jamais renoncé à leurs espérances ; ils se sont serrés les uns contre les autres, et ils sont maintenant plus unis, plus forts que jamais.

C'est devant ces deux armées, l'une nombreuse mais éparse, l'autre restreinte mais compacte, où la discipline règne comme dans un camp prussien, que se présente le scrutin de liste. Des élections sont annoncées ; aussitôt les chefs des radicaux mettent leur police en mouvement et leurs agents en campagne ; au premier signal, leurs comités se réunissent, les candidats sont choisis, les programmes arrêtés, l'arsenal des calomnies ouvert à deux battants ; les frères et amis viennent tour à tour y prendre une arme à leur choix, et ainsi munis partent en guerre.

Mais, comme la force n'exclut pas la prudence, là où ils ne sont point certains d'emporter d'assaut la victoire, ils ont recours à la ruse. Ils savent combien les braves habitants de la campagne sont encore sensibles au renom d'honorabilité ; aussi les voit-on, lorsqu'ils ont des doutes sur leur succès, inscrire, sans vergogne, en tête de leur liste, le nom d'un conservateur connu et aimé qui, trop souvent, a la faiblesse de ne point répudier un tel patronage. Le campagnard donne dans le piége, conclut de ce qu'il connaît le premier inscrit que ceux qui suivent et qu'il ne connaît pas appartiennent à la même nuance d'opinion ; la liste passe en entier, et les électeurs s'aperçoivent, mais un peu tard, qu'ils ont envoyé des recrues à la révolution.

Pendant ce temps, que devient le parti conservateur ? Grâce à la désorganisation qui règne encore dans son sein, il cherche en vain à se réunir, à se compter. Il n'a point de chefs reconnus dans le département ; chacun prône son candidat et combat pour lui, au lieu de combattre pour la cause commune.

Au lendemain des malheurs publics, lorsque le parti anarchique, sous le poids des blessures qu'il a faites au pays, est obligé de se cacher dans l'ombre, il arrive, comme au 8 février, que les conservateurs, malgré leurs divisions et leur peu d'entente, remportent une victoire d'autant plus facile qu'elle a lieu presque sans combat. Mais elle n'en est pas moins, la plupart du temps, le fait d'une poignée de citoyens qui se sont attribué, sans mandat, le droit de guider le département dans la confection de la liste. Trois ou quatre individus, plus entreprenants, se sont réunis au chef-lieu, chez le rédacteur en chef du journal principal, qui leur a indiqué les choix qu'il croit les meilleurs. Ils les ont adoptés presque sans discussion. Aussitôt on annonce avec pompe, dans la feuille départementale, que

le grand Comité conservateur a accepté à l'una-
nimité la liste que l'on recommande aux électeurs, et ceux-ci sont réduits à accepter ces choix
ou à perdre leur voix, en s'abstenant : voilà ce
que l'on appelle la sincérité du vote.

Mais si, au contraire, le pays, un peu recon-
forté, n'est plus sous la pression de la crainte ;
si les radicaux, qui perdent vite la mémoire du
mal qu'ils ont fait, relèvent la tête et se jettent
de nouveau dans la lutte avec leurs armes perfides, il arrive, comme au 2 juillet, que les conservateurs, victimes de leur désunion, de leur
apathie, de leur abstention, succombent infailliblement.

Quelle est la conséquence forcée d'un tel état
de choses? Un gouvernement quel qu'il soit a
besoin, pour vivre, de s'appuyer sur les conservateurs. Si donc il ne trouve pas une force
suffisante dans leur propre organisation, il sera
obligé de venir à leur aide, et pour sauver sa
propre existence, de se mêler à la lutte. Or,
qui ne voit la force immense que le scrutin de

liste donnerait à un pouvoir qui voudrait en abuser? Combien il lui serait facile, avec cette arme à plusieurs tranchants, de s'ouvrir un large passage dans la mêlée électorale ! Il concentrerait son action sur une seule liste pour tout le département, au lieu d'avoir à la diviser sur des noms spéciaux dans chaque circonscription ; et l'assemblée ainsi nommée, loin d'être l'image de la nation, ne serait plus que celle du pouvoir.

On peut donc affimer que le scrutin de liste, dans l'état actuel du suffrage universel, peut devenir, d'un moment à l'autre, entre les mains d'un gouvernement corrupteur, une arme très-dangereuse.

Par de tels résultats, il porterait une atteinte grave à ce qui est la première prérogative de tout peuple libre, au droit des majorités. Les minorités gouverneraient le pays, et la nation française se trouverait, vis-à-vis ses représentants, dans la situation où s'est longtemps trouvée l'Assemblée nationale vis-à-vis les ministres pris parmi la minorité de ses membres. On pourrait, sans être téméraire, supposer que c'est ce motif qui, au sein de l'école républicaine radicale, crée tant d'amis dévoués au scrutin de liste ; nous aimons mieux croire qu'elle fonde son opinion sur un sentiment plus libéral et moins égoïste.

En cherchant bien quelle est la véritable raison qui milite en faveur de ce genre de vote, celle que peuvent invoquer ouvertement ses défenseurs, on n'en trouve vraiment qu'une seule : c'est, disent-ils, que le suffrage universel doit se prononcer, non pour *des individus*, mais pour *des idées*[1]. L'électeur n'a pas pour mission principale de nommer des mandataires dévoués et honnêtes ; il doit s'attacher uniquement à porter son choix sur des hommes qui représentent une idée spéciale, une idée qui préoccupe l'opinion publique au moment où a lieu l'élection. En un mot, il doit voter sur une question posée d'avance.

1. Cette théorie fut développée par M. Gambetta et quelques-uns de ses collègues de la gauche, lorsqu'en 1869 ils formulèrent un projet de loi où ils demandaient des réformes électorales, et en particulier le scrutin de liste.

Étrange théorie ! en vérité, dans un pays où tous les citoyens, riches ou pauvres, instruits ou non, ont identiquement les mêmes droits politiques.

Quoi ! le paysan, l'ouvrier, qui, du matin au soir, ont l'œil fixé sur la charrue ou leurs outils, devraient, lors d'une élection, émettre un avis motivé sur le renouvellement partiel des assemblées ou sur les douzièmes provisoires ? Non, une pareille prétention n'est pas sérieuse.

Que les élections, en Angleterre, se fassent sur une idée capitale, dominante, telle que l'Irlande ou la réforme électorale, cela se conçoit sans peine, parce que le cens et la base du suffrage, et que, par conséquent, le choix des députés dépend des classes éclairées par une éducation suffisante, parce qu'enfin la nation anglaise est à la fois sage, laborieuse et réfléchie.

Mais, en France, le suffrage est universel ; la circonscription électorale afférente au scrutin de liste est d'une grande étendue, les deux tiers des électeurs, au moins, n'ont pas le moindre souci de la manière dont ils sont gouvernés, tant qu'ils croient l'ordre matériel assuré. Dès lors, il est impossible d'exiger d'eux autre chose qu'un vote de confiance dans les lumières de tel ou tel individu.

Oh ! si le suffrage était à deux degrés, on pourrait alors admettre que les électeurs du second degré, choisissent leur représentant en vue de certaines questions spéciales, parce que tous ou à peu près tous, ils auraient quelque connaissance des affaires, et pourraient disposer de leur temps pour se réunir et s'entendre. Mais, je le répète, sous le régime du suffrage direct, il n'y a pas d'illusions possibles.

Ceux qui veulent accoupler cette institution avec le scrutin de liste oublient que ce scrutin ne saurait être que le corollaire d'un suffrage éclairé.

Cette vérité n'avait pas échappé à nos pères.

Lorsque successivement la grande Assemblée Constituante et la première Législative avaient établi le scrutin de liste, elles avaient préalablement décrété le suffrage à deux degrés.

De même, quand la Convention, dans la constitution de 1793, supprima le suffrage à deux degrés pour établir le suffrage direct, elle supprima du même coup le scrutin de liste, qu'elle remplaça par le scrutin individuel ; et, plus tard, dans la constitution de l'an III, quand elle rétablit le suffrage à deux degrés, elle rétablit en même temps le scrutin de liste.

L'histoire de nos assemblées les plus révolutionnaires vient donc à notre aide pour démontrer la fausseté de ce raisonnement qui consiste à substituer d'une façon absolue l'influence des partis aux influences personnelles, l'influence des idées aux influences locales.

Il serait injuste, cependant, de nier que le scrutin de liste apporte avec lui certains avantages. Il est bien certain qu'il permet souvent à des hommes de valeur, dont la présence peut être précieuse au sein d'une assemblée, de se faire jour et d'arriver aux affaires, tandis que le vote par circonscription laisse au grand propriétaire terrien, riche, mais moins intelligent, la possibilité de leur faire échec. Il est certain aussi qu'il oblige les partis à des concessions mutuelles et par conséquent favorise, dans une certaine mesure, la représentation des minorités ; enfin il n'est pas douteux qu'en forçant les citoyens à s'entendre entre eux, il peut donner une véritable impulsion à l'esprit public et à la vie politique du pays.

Mais, sont-ce là des avantages suffisants ?

Compensent-ils l'immense danger de ce système, qui met l'élection des représentants de tout un département, soit dans les mains des journaux, soit dans celles de trois ou quatre individus plus remuants, soit dans celles du pouvoir ; de ce système qui, loin d'éclairer le suffrage universel, le plonge dans une obscurité d'autant plus intense que le nombre des députés à nommer est plus considérable, et que les circonscriptions départementales sont plus étendues ? Que ceux qui sont portés à le croire, en réfèrent aux appréciations de nos pères ; elles valent bien celles des républicains d'aujourd'hu

Un mot encore à l'adresse de certains conservateurs qui professent un attachement tout au moins irréfléchi pour le scrutin de liste. Quand on parle de le supprimer, ils protestent, et songeant à eux-mêmes, ils s'écrient qu'il a toujours produit des assemblées excellentes.

Lorsqu'ils émettent une telle opinion, nous aimons à penser qu'ils n'ont pas présentes à l'esprit les assemblées du siècle dernier. La composition de la Législative et de la Convention ne seraient pas des exemples heureux.

Les trois assemblées qui, dans le siècle actuel, ont été nommées au scrutin de liste, justifient-elles davantage leur attachement pour lui? C'est fort douteux.

En 1848, après une révolution que la France n'avait pas voulue, les électeurs, sous l'empire de la crainte, envoyèrent à l'Assemblée Constituante des représentants dont la majorité appartenait à l'opinion conservatrice.

L'attentat du 15 mai a lieu, suivi des terribles

journées de juin ; la Constituante se dissout ; le pays, de plus en plus effrayé, nomme une assemblée monarchique et plus conservatrice encore que la précédente.

En 1871, sous le coup de nos désastres, après cinq mois de dictature républicaine, de sang versé et de malheurs inouïs, le suffrage universel, dégoûté des hommes qui, sous le prétexte de sauver la France, l'avaient conduite aux abîmes, proteste en nommant l'Assemblée Nationale.

Le 2 juillet, au contraire, la Commune est vaincue, l'ordre a triomphé partout, la révolution semble terrassée ; les conservateurs se croient en sûreté, et ils ne se dérangent plus pour aller voter. Aussitôt le scrutin de liste déroge à tous ses précédents, et envoie siéger au sein de l'Assemblée nationale un certain nombre de radicaux très-différents de leurs collègues.

Il résulte de cet examen que ce n'est pas le scrutin de liste qui a produit les assemblées de 1848, 1849 et de 1871, mais uniquement le sentiment du danger. Le jour où le pays n'a plus eu peur, il a laissé aux minorités le soin de régler ses destinées. Lorsque la nation sera malheureuse, lorsqu'elle aura souffert, malgré le scrutin de liste, elle se jettera toujours dans les bras des conservateurs ; si, au contraire, les élections ont lieu dans des temps calmes, grâce à ce même scrutin, elle se laissera nécessairement entraîner dans d'autres voies par les déclamateurs et les intrigants.

Le seul moyen pour la société d'échapper à ce danger, c'est qu'à l'avenir, le vote ait lieu sur un seul nom et dans des circonscriptions électorales restreintes, parce que les conservateurs profiteront alors de l'influence que leur donnent, dans un rayon généralement considérable, leur situation de fortune et l'honorabilité de leur nom.

Ne l'oublions pas, le scrutin de liste n'est qu'un mensonge effronté de la part des uns, une sotte duperie de la part des autres : et, en un mot, comme l'a dit M. de Broglie, « un moyen d'ou-
« vrir l'accès du Corps législatif aux coryphées
« du journalisme, aux réputations de coterie, à

« ces idoles d'une popularité factice et éphé-
« mère, que le jour élève et que le lendemain
« renverse sur le sable mouvant de la capi-
« tale[1]. »

Si le peuple français devait se laisser toucher
encore par les rhéteurs ou les avocats, qui
crieront à la tyrannie, lorsqu'il s'agira de le
supprimer, c'est qu'il aurait bien peu de souci
de sa régénération et de sa liberté.

1. Duc de Broglie. — *Vues sur le gouvernement de la France*, p. 162.

CHAPITRE CINQUIÈME

Si le scrutin de liste est le complément naturel
du suffrage à deux degrés, la circonscription
électorale, fixe et restreinte, est la conséquence
nécessaire du suffrage universel direct. La logique la plus élémentaire le veut ainsi. Plus l'é-
lecteur est ignorant, plus l'émission de son vote
doit lui être facilitée ; plus les obstacles matériels
pour connaître le candidat sont grands, plus on
doit chercher à restreindre le terrain de ses in-
vestigations. C'est là la première condition de la
liberté et de la sincérité du suffrage.

Un second principe non moins incontestable,

c'est que la population a le droit d'être représentée proportionnellement à son chiffre. L'égalité, qui est la base de la démocratie, l'exige ainsi.

Enfin, il est également reconnu, par tous les esprits libéraux, que la délimitation des circonscriptions électorales ne doit, à aucun titre, appartenir, soit sous une république, soit sous une monarchie, au pouvoir exécutif. Il a fallu l'abaissement dans lequel était tombé le peuple français sous l'Empire, pour supporter qu'à chaque élection nouvelle on découpât les départements en petits morceaux, suivant le bon plaisir et l'intérêt du gouvernement.

Il est donc nécessaire de trouver une circonscription préexistante, naturelle, incontestée, et d'une grandeur moyenne.

Le département est beaucoup trop étendu pour que, sous le régime du suffrage universel direct, l'électeur puisse y connaître les opinions politiques, et même le degré d'honorabilité d'un candidat, mais il n'en est pas de même de l'arrondissement.

I. En tant que circonscription électorale, l'arrondissement administratif permet l'application de ces deux principes fondamentaux : la proportionnalité du chiffre des habitants avec celui des députés ; et la possibilité, pour l'électeur, de connaître le candidat pour lequel il vote. Il dispense, en outre, le législateur de substituer l'arbitraire des assemblées à celui du pouvoir. Si les représentants étaient chargés de fixer et de réviser les circonscriptions électorales, ne pourraient-ils pas être tentés de se faire à chacun un petit nid à part, bien entouré, exposé aux douceurs du Midi, sagement abrité contre les rigueurs du Nord, où ils n'auraient à redouter, ni les ardeurs intempestives ni les coups de vent de l'opinion ? Et, quand même leur impartialité les empêcherait de tomber dans la tentation, leurs ennemis, moins scrupuleux, ne manqueraient pas de porter contre eux cette accusation.

Le vote par arrondissement respecte non-seulement toutes les bases de la liberté du suffrage, mais il comporte encore avec lui des avantages de tout genre; avantages moraux, avantages quant au nombre des représentants, avantages de stabilité.

Au point de vue de la moralité, il permet à la propriété d'être plus facilement représentée au sein des assemblées. Il assure la prépondérance et le respect dûs aux influences locales; il permet au suffrage universel de battre en brèche ce que j'ai appelé la *théorie de l'idée*. L'électeur ignorant peut, dans cette circonscription limitée, choisir pour représentant un homme de confiance qu'il connaît, qu'il apprécie, qu'il estime; ce qui n'empêche en rien les hommes qui sont au courant des grandes questions politiques et sociales de se préoccuper des opinions du citoyen qui brigue leurs suffrages. Il faudrait, du reste, s'entendre une bonne fois sur ce qu'est un représentant. Est-il uniquement nommé pour décider si la France doit vivre en république ou en monarchie, si l'impôt doit être progressif ou proportionnel ? Sans doute, l'étude de ces graves questions est son principal devoir. Mais ce n'est pas le seul ; il en a d'autres non moins urgents, et qui sont toujours actuels : c'est de s'occuper des intérêts matériels et moraux du pays qu'il représente. Il a une double mission, et l'on pourrait presque dire de lui qu'il est non-seulement l'élu de ses concitoyens, mais qu'il est aussi l'élu des champs et des diverses propriétés foncières qui lui ont servi de circonscription électorale.

Au point de vue numérique, l'arrondissement permet de donner à l'Assemblée, issue du suffrage universel, un nombre de membres qui n'est ni trop considérable, ni trop faible, 440 environ[1]. Un parlement, en temps normal, ne gagne pas à être trop nombreux : « On a vu trop souvent la mobilité et l'ardeur des passions

---

1. Ce chiffre est une moyenne entre ceux des assemblées françaises depuis 1789.

Les états généraux de 1789 eurent. . . . 1,000 députés
La convention 750   »
Le Conseil des 500 uni au Conseil des anciens. 750   »
Le premier Empire 300   »

croître en raison du nombre. » Ce mot, tiré de la Constitution de 1852, cachait, à cette époque, une hypocrisie mal déguisée ; mais, en lui-même, il est profondément vrai.

Enfin, au point de vue de la stabilité de nos institutions, l'arrondissement est une circonscription toute faite, à laquelle le pays est habitué depuis longtemps ; c'est un groupe d'intérêts presque toujours identiques ; le chef-lieu attire tous les citoyens du même arrondissement pour les affaires courantes : pécuniaires, administratives et litigieuses. Et ce qui prouve que ce n'est pas un vain mot, c'est que l'arrondissement a résisté, depuis quatre-vingts ans, à tous nos bouleversements administratifs et politiques. L'identité des intérêts est, du reste, une des conditions indispensables d'une bonne représentation ; car on se figure dif-

La Restauration . . . . , .	450 déput.
Le gouvernement de Juillet	450 »
La Constituante de 1848.	900 »
La Législative	750 »
Le second empire	250 »
L'Assemblée nationale de 1871	750 »

ficilement un député obligé de défendre aujour-
d'hui et de combattre demain telle mesure, suivant qu'elle serait utile à une portion de ses com-
mettants et préjudiciable à l'autre.

Ces considérations, à la fois politiques et morales, sont décisives.

II. Mais, il ne suffit pas de poser un principe,
il faut l'appliquer. Or, on le sait, les arrondissements sont diversement peuplés. Il en est, tels
que Lille, qui comptent cinq cent mille habitants, tandis que Forcalquier ou Barcelonette en
a trente mille à peine. Quelles clameurs nos
grandes cités ne seraient-elles par en droit de
pousser, si elles étaient d'autant moins représentées qu'elles auraient une population plus nombreuse !

C'est là un premier obstacle à vaincre. Pour
y arriver, il faut prendre la moyenne de population des divers arrondissements de France,
l'adopter comme point de départ, et dire : au-

dessus de tel chiffre, un arrondissement nommera autant de députés que ce chiffre sera répété de fois dans le total de sa population ; au-dessous de tel autre, il perdra son autonomie électorale[1].

Reste à fixer ce quotient. En admettant le chiffre de quatre-vingt mille, il semble que l'on soit bien près de la vérité. Il ne s'agit pas, en

---

[1]. Afin que le lecteur saisisse plus clairement notre pensée, nous mettons ici, sous ses yeux, quelques articles d'un projet de loi qui se trouve à la fin de ce volume.

Article 1er. —Chaque arrondissement nommera un député.

Article 2. — Néanmoins lorsqu'un arrondissement aura plus de 80,000 habitants, il lui sera attribué autant de députés que ce chiffre se trouvera répété de fois dans le total de sa population : en outre toute fraction de population supérieure à cinquante mille habitants lui donnera droit à un député en plus.

Article 3. — Lorsqu'un arrondissement administratif aura moins de cinquante mille habitants, il sera réuni de droit à l'arrondissement limitrophe, le moins peuplé et dans le même département, avec lequel il formera un seul arrondissement électoral assujetti aux règles des articles 1 et 2.

Article 4. — Lorsqu'un arrondissement aura à nommer deux députés ou un plus grand nombre, l'élection aura lieu au scrutin de liste.

effet, d'électeurs inscrits, mais bien d'habitants.
En faisant cette substitution au décret de 1852,
on évitera l'inconvénient qui s'est produit sous
l'Empire ; le nombre des députés n'augmentait
pas toujours, en proportion de celui de la population, et réciproquement, le nombre des représentants augmentait souvent tandis que celui de
la population diminuait[1]. Ce résultat bizarre
s'explique par la négligence que beaucoup de
citoyens mettaient à réclamer leur inscription.
Il est nécessaire de l'éviter dans l'avenir, car il
est contraire à la justice.

Le chiffre de quatre-vingt mille est, en outre,
très-suffisant en lui-même, et, si on le compare
à celui des grandes nations de l'Europe, on verra

1. En 1863, le département de l'Eure appauvri de 6,000
habitants, s'enrichissait d'un député, en raison de l'aug-
mentation du nombre de ses électeurs. (Lefèvre Pontalis :
Les lois et les mœurs électorales en France et en Angleterre.)

Le département de la Seine qui voyait en 1857 le nombre
de ses députés s'élever de 9 à 10 l'a vu redescendre à 9 en
1863 et demeurer tel en 1867, malgré l'accroissement considérable de sa population. (Leissenne; Élections de 1869 ;—
Sentinelle prenez garde à vous.)

qu'il occupe une place supérieure à celle qu'il occupait jusqu'ici[1].

Une autre difficulté à résoudre, c'est de fixer la fraction de population devant donner droit, bien qu'elle n'atteigne pas le chiffre de 80,000,

[1]. État récapitulatif du nombre des députés dans les différents états de l'Europe, par rapport au chiffre de leurs habitants.

États.	Députés.	habitants.
Danemark	1 sur	15,000
Suisse	»	19,000
Norvège	»	20,500
Suède	»	21,500
Wurtemberg	»	24,000
Portugal	»	26,000
Saxe-Royale	»	29,000
Bavière	»	31,500
Royaume-Uni	»	44,500
Espagne	»	45,000
Hongrie	»	46,000
Belgique	»	46,000
Pays-Bas	»	47,000
Italie	»	49,000
Prusse	»	54,000
France	»	80,000
Autriche	»	83,000
Confédération du Nord	»	100,000

Nota. Le décret de 1852 n'attribuait à la France qu'un député à raison de 130,000 habitants.

à un député en plus. Ici encore, il faut éviter de retomber dans le système bâtard de l'Empire, d'où il résultait que certains colléges, au lieu de renfermer 35,000 électeurs inscrits, comme le voulait le décret de 1852, en comptaient le plus souvent tout près de 60,000. Le chiffre de 50,000 paraît devoir être celui auquel il faut s'arrêter. En conséquence, tout arrondissement ayant une population dépassant de 50,000 le nombre de 80,000, aurait droit à un député en plus. Le dix-huitième arrondissement de Paris, par exemple, qui renferme 130,000 habitants c'est-à-dire 80,000 plus une fraction de 50,000, nommerait deux représentants; tandis que l'arrondissement de Saint-Denis, qui en compte 178,000, c'est-à-dire deux fois 80,000 plus une fraction de 18,000, n'en nommerait pas un plus grand nombre.

Les arrondissements peu populeux offrent un autre genre d'obstacle. Il est difficile d'admettre que cette circonscription administrative représente un groupe d'intérêts tellement distincts, tellement identiques, que l'on ne soit pas obligé de tenir compte du minimum de sa population. Or, il est une vingtaine d'arrondissements environ qui n'ont pas plus de 20 à 40,000 habitants. Il serait injuste de leur attribuer autant de poids dans la gestion des affaires publiques qu'à ceux qui ont une population double. De là, la nécessité d'adopter un chiffre minimum d'habitants au-dessous duquel l'arrondissement perdrait son autonomie électorale. Il semble rationnel de s'arrêter à celui qui lui permet d'avoir un député en plus, en cas d'excédant de population, soit 50,000.

Par ces diverses combinaisons, il est facile, on le voit, de faire concorder entre eux les divers principes qui ont été posés en tête de ce chapitre.

Reste à savoir quel serait le meilleur mode de votation à employer dans les arrondissements trop peuplés, ainsi que dans ceux qui ne le sont pas suffisamment.

Il y aurait un premier moyen très-expéditif :

ce serait la révision générale de tous les arrondissements administratifs en France. Cette révision, beaucoup peut-être la souhaitent, et il est certain que, dans quelques provinces, le besoin s'en fait sentir, au moment surtout où l'on parle de supprimer un grand nombre de sous-préfectures et de tribunaux de première instance. Il est certain aussi, qu'aucune assemblée n'est mieux faite que l'Assemblée nationale pour opérer une semblable réforme. Mais elle serait malheureusement un sujet de troubles et de divisions nouvelles dans nos départements. Que de haines, que de querelles intestines en surgiraient ! que de rivalités locales ! L'arrondissement est une institution qu'un siècle bientôt aura consacrée, pourquoi la changer ? pourquoi ne pas respecter la tradition ? pourquoi cette manie de défaire tout ce qui est, pour refaire souvent moins bien ?

Ces raisons de paix publique, de respect du passé, sont impérieuses, et doivent suffire pour faire renoncer à toute modification des arrondissements administratifs.

Mais alors, dans les arrondissements qui auraient droit à plusieurs députés, il faudrait nécessairement introduire le scrutin de liste. Les détracteurs du système vont sans doute crier à l'inconséquence et s'étonner qu'après avoir déclaré le scrutin de liste détestable et faux, lorsqu'il s'agissait des départements, nous le trouvions tout à coup excellent et vrai, lorsqu'il s'agit des arrondissements. Eh bien, non, il n'y a pas là d'inconséquence; et, ne leur en déplaise, aucun des inconvénients qui se rencontrent dans le premier cas ne subsiste dans le second. Qu'avons-nous reproché au scrutin de liste par département? De ne point permettre à l'électeur d'apprécier suffisamment la valeur de son vote; et surtout, d'aider les meneurs à tromper les naïfs et les ignorants. L'arrondissement, par le seul fait de son peu d'étendue, enlève au scrutin de liste ce qu'il a de dangereux. L'électeur le moins au courant des affaires n'est pas sans avoir ouï parler des notabilités de son arrondissement. Il va souvent au chef-lieu; il y connaît les citoyens estimés et estimables à l'opinion desquels il conformera son vote ; il peut apprécier en connaissance de cause ce qui s'y passe, et ne point s'y laisser tromper par les menées de la presse et des partis. Dès lors, qu'il ait un, deux ou trois députés à choisir, il n'y a pas plus d'inconvénient dans un cas que dans l'autre. L'application du scrutin de liste, en cette hypothèse, a encore cet avantage ; c'est qu'elle permet aux villes d'avoir une représentation un peu spéciale, et jusqu'à un certain point distincte de celle des campagnes ; et c'est là, on le sait, une satisfaction depuis longtemps réclamée par nos grandes cités[1]. Or, lorsque l'emploi du scrutin de liste deviendrait nécessaire, ce serait le plus souvent dans les arrondissements où se trouve un centre populeux considérable.

Dans les arrondissements, dont le chiffre de la population est inférieur à 50,000 habitants, l'exercice du vote serait plus compliqué.

1. Plus de quarante-six d'entre elles se trouveraient dans ce cas.

Avant tout, plus d'arbitraire. Pour l'éviter, il faudrait réunir tout arrondissement, ayant moins de 50,000 habitants, à son voisin limitrophe et, autant que possible, le moins peuplé. Ces deux arrondissements administratifs ne formeraient qu'un seul arrondissement électoral, dans lequel l'élection se ferait au scrutin de liste, s'il y avait lieu, et au scrutin uninominal, si le chiffre combiné de leur population n'atteignait pas 130,000.

Cette combinaison permet de conserver intact le principe de la proportionnalité entre la population et le nombre des représentants, sans porter aucune atteinte, à la base même de notre système, c'est-à-dire, à l'arrondissement administratif. Du reste, quarante-trois seulement sur trois cent quatre-vingt-deux, se trouveraient dans ce cas.

Ainsi délimitée et organisée, cette circonscription électorale, qui s'appelle l'arrondissement, donnerait un développement considérable à la vie locale et à l'esprit public. Elle favoriserait l'organisation matérielle du suffrage universel, en facilitant la création de comités électoraux ; ceux-ci rayonneraient d'autant plus facilement que leur action se porterait sur une moins grande étendue de pays. Elle permettrait enfin de donner aux grandes villes certaines satisfactions qu'il faudra, tôt ou tard, leur accorder, en faisant des concessions peut-être plus dangereuses encore.

Le scrutin par arrondissement, tel que nous voudrions le voir pratiquer, serait un moyen certain d'éclairer et de moraliser le suffrage universel, sans porter aucune atteinte à la liberté du vote.

CHAPITRE SIXIÈME.

Il y a des questions résolues d'avance par l'opinion publique, et que le législateur a uniquement pour mission de rendre légales.

Le vote à la commune en est une.

En effet, en dehors du parti républicain qui seul y est intéressé, il n'y a personne qui n'entrevoie, dans la convocation des électeurs au chef-lieu de canton, une manœuvre habile peut-être, mais certainement peu loyale, dont le but est précisément de diminuer le nombre des suffrages des campagnes, et de neutraliser leur action sur les affaires publiques, au profit unique des villes. Aussi, les ruraux, comme on les appelle dédaigneusement, ont-ils protesté en mainte occasion contre cette mesure vexatoire ; et elle n'est pas entrée pour peu de chose, croyons-nous, dans la composition de certaines assemblées, élues sous son empire. La répulsion du pays pour le vote au canton est telle, qu'à peine réunie, l'Assemblée Nationale s'est vue sollicitée de toute part afin de rétablir le vote à la commune, ce qu'elle a fait aussitôt.

Quelles sont, du reste les raisons sérieuses que peuvent invoquer les partisans de cette législation surannée, qui figure encore aujourd'hui parmi les *impedimenta* que le parti républicain traîne à sa suite? Les mêmes, probablement, qu'ils invoquaient déjà, il y a vingt-cinq ans, et que M. Dufaure formulait ainsi en 1848, pendant la discussion de la constitution :

1° Le vote à la commune éteint d'une manière absolue la communication des pensées entre les électeurs.

2° Il rend impossible des élections régulières,

au point de vue des opérations matérielles du scrutin.

Si la première de ces objections semble peu concluante, elle trahit, en revanche, des préoccupations de parti.

Qu'est-ce en réalité que cette communication de pensées à laquelle le vote à la commune serait un obstacle ?

Est-il donc nécessaire que l'électeur aille s'enquérir au canton des opinions d'un candidat ? Et ne court-il pas le risque, au contraire, de les entendre dénaturer par la voix des meneurs ? L'échange de vues, entre les habitants d'une même commune, n'est-il pas suffisant pour que cet électeur sache si, oui ou non, il doit avoir confiance dans un candidat, dans ses idées politiques en général, et, ce qui vaut encore mieux, dans son honnêteté ?

Que signifie donc cette objection ? Et quelle est la pensée de ceux qui la font ?

Cette pensée, la voici :

Ils savent très-bien que du moment où le paysan

quittera sa commune pour se rendre à l'urne électorale, son vote deviendra plus facilement la
proie des agents électoraux. Chez lui, il est difficile de le circonvenir ; mais en le dépaysant, en
changeant son milieu, en le transportant dans
un foyer plus agité, plus passionné, il y a mille
chances pour qu'il se laisse entraîner et que son
vote appartienne au plus intrigant. Influence des
électeurs du canton sur le vote des paysans, tel
est le but que poursuivent les républicains. Ce
n'est pas la communication des pensées qu'ils
veulent favoriser, comme ils le disent ; mais l'absorption des opinions des uns par les opinions des
autres ; en un mot, l'absorption de l'élément
campagnard par l'élément citadin.

La seconde objection est plus grave. Il est malheureusement trop vrai que, depuis vingt ans,
dans un grand nombre de communes, des irrégularités monstrueuses ont été commises. Il suffit
de rappeler ici certaines soupières, métamor-
phosées en urnes électorales, dont le fabricant

passera à la postérité avec un brevet d'invention.

Mais, ces fraudes, qui en est responsable? Est-ce le vote à la commune? N'est-il pas plus juste de les imputer, à ce gouvernement corrupteur qui, en négligeant à dessein les garanties tutélaires de la loi, a laissé s'introduire dans les élections, tant de désordres scandaleux ? Et, ce qui le prouve, c'est que, là où le pouvoir central ne se croyait pas en mesure d'intervenir, les opérations matérielles étaient parfaitement régulières. Ceux qui dirigeaient la France, ne cherchaient alors qu'à atteindre un seul but: corrompre et fausser le suffrage universel. Ils trouvaient dans les petites communes de 100 à 300 habitants, une grande facilité de mise à exécution de leurs détestables projets ; car, la composition du bureau électoral, aussi bien que le contrôle des opérations par les électeurs, y offrent souvent de sérieuses difficultés. Mais, sous un gouvernement honnête, il ne serait jamais venu à l'idée de personne de fausser le scrutin , sans craindre de rencontrer des électeurs assez jaloux de leur honneur et de leur indépendance, pour le faire respecter.

Sous le régime corrupteur de l'Empire le vote aurait-il eu lieu au canton que les mêmes irrégularités se seraient produites; leur forme seule eut changé. Car, la corruption a des ressources inépuisables, lorsqu'elle est maniée par des mains habiles et audacieuses.

Sans doute nous reconnaissons qu'il importe extrêmement de défendre le scrutin de liste contre la surveillance officielle des maires et des gardes champêtres. Mais, sous prétexte de protéger l'urne et de neutraliser certaines influences, il importe aussi de ne pas en substituer d'autres qui, pour s'exercer moins naïvement, n'en sont pas moins redoutables, et vicient tout autant les suffrages.

Quant à l'action des maires, du moment qu'ils ne sont plus nommés par le pouvoir, il n'y a plus à craindre de leur part ces excès de zèle et de dévouement que l'on rencontrait sous le dernier gouvernement. Leur élection est la plus sérieuse garantie de la liberté et de la sincérité du scrutin.

Aucune objection véritable ne subsiste donc contre le vote à la commune. On ne saurait en dire autant du vote au canton.

Sous le régime de l'électorat censitaire il était naturel qu'un centre un peu plus populeux, fût assigné, comme lieu de réunion, aux électeurs. Le droit électoral étant une sorte de faveur, rien ne s'opposait à ce que l'on exigeât d'eux certains dérangements, tels qu'un voyage de quelques lieues, une absence d'un ou deux jours, où une dépense un peu importante. Mais aujourd'hui que le droit politique est devenu un droit commun, universel, comment expliquer qu'une entrave quelconque soit apportée à l'expression des votes. Le suffrage s'est rapproché de l'électeur : la conséquence logique, c'est que l'urne s'en rapproche également. Par quel principe, je le demande, chercherait-on à entourer le plus noble des droits politiques d'obstacles qui en rendraient, pour la grande majorité des citoyens, l'exercice impraticable, ou tout au moins très-difficile ?

On ne peut plus aujourd'hui justifier les charges qui leur incomberaient, en disant : c'est à leur fortune qu'ils doivent le droit de voter ; donc, ils peuvent payer les dépenses qu'il entraîne. Sous l'empire du suffrage universel, le pauvre et le riche sont égaux devant le vote. Dès lors, il serait injuste d'exiger d'eux la moindre dépense qui les empêchât d'y prendre part. Or, le vote au canton a pour résultat inévitable de forcer l'électeur à faire un déplacement; et qui dit déplacement, dit dépense.

C'est la plus grave atteinte que l'on puisse porter au principe d'égalité, qui est la base de la démocratie : car c'est rendre le vote agréable et facile aux uns, désagréable et difficile aux autres ; et c'est mettre les campagnes, vis-à-vis des villes, sur un pied d'infériorité flagrante..., « C'est l'éga-
« lité politique qu'on leur refuse, s'écrie M. de
« Montalembert....

« Oui, tandis qu'un ouvrier de Paris ou de

« toute autre commune urbaine, peut exercer ce
« magnifique droit du suffrage universel sans se
« déranger, entre deux repas, entre deux inter-
« valles de travail, vous obligez l'ouvrier des
« campagnes à se déplacer; vous lui imposez un
« triple impôt, un impôt d'argent, un impôt de
« temps, et un impôt de fatigue ; vous transfor-
« mez pour lui cette noble et précieuse liberté
« du suffrage universel en un impôt triplement
« onéreux. [1] »

De plus dans la pratique, c'est créer l'abstention, ou pour mieux dire, c'est la favoriser au plus
haut degré. Si c'est ce but que poursuivent les défenseurs du vote au canton, ils ont trouvé le véritable moyen d'y arriver. Mais si, au contraire,
ils désirent l'émancipation des électeurs, s'ils veulent rendre au suffrage sa liberté et son indépendance, comment ne comprennent-ils pas que
d'astreindre des campagnards, déjà trop indiffé-
rents, à de longs déplacements, à des voyages relativement coûteux, à des fatigues considérables ou

1. Séance du 17 février 1849.

à une perte de temps qui, dans certains pays, peut aller jusqu'à deux fois vingt-quatre heures, c'est se jouer du suffrage universel. Quoi ! pour convertir les paresseux ou encourager les incertains, ils commencent par les soumettre à une aussi rude épreuve ! Non, cela est impossible. Jamais un système qui aura pour résultat de fournir à l'abstention une excuse, ne sera pour nous, équitable, ni d'une saine politique. « Affaiblir à un degré « quelconque, disait encore M. de Montalembert « le poids dont les masses rurales doivent peser « dans la balance des destinées de la nation, pri- « ver un seul paysan de l'exercice facile et natu- « rel du suffrage universel, c'est commettre un « acte de folie inexplicable ou bien un forfait, un « véritable forfait contre la société. »

Cette vérité est plus éclatante encore aujourd'hui qu'elle ne l'était alors.

On nous objectera peut-être, que le droit de diviser le canton en plusieurs sections, appartient au conseil général[1] ; que c'est un juge dont l'impar-

1. Loi du 10 août 1871. — Article 43 : Chaque année,

tialité ne saurait être mise en doute et que, par conséquent, le principe du vote au canton doit être conservé, quitte à ce que l'assemblée départementale y déroge toutes les fois qu'elle le jugera nécessaire. Mais, n'est-il pas puéril d'inscrire dans une loi une disposition, lorsqu'on est certain qu'elle ne sera peut-être pas appliquée une seule fois dans toute la France? Quelles raisons d'ailleurs, aurait-on de faire une telle déclaration, même platonique? Aucune: car nous l'avons déjà dit : au point de vue de l'égalité démocratique, nulle mesure n'est plus vexatoire, ni plus arbitraire.

Non, rien ne justifie, ni même n'excuse le vote au canton; et on peut affirmer sans crainte, que ceux qui s'en font les défenseurs, ne poursuivent qu'un but unique: diminuer d'abord, influencer ensuite les suffrages des ruraux. Ils pensent que seuls, les citoyens soucieux de faire triompher

dans sa session d'août le conseil général par un travail d'ensemble, comprenant toutes les communes du département, procède à la révision des sections électorales et en dresse le tableau.

telle ou telle idée politique, auront assez d'énergie pour surmonter les obstacles que crée la
distance aux électeurs. Ils comptent naturellement
sur la mollesse d'un grand nombre d'honnêtes
gens pour déserter l'urne électorale, lorsqu'il
sera difficile de l'atteindre; tandis que leurs amis
braveront les fatigues et la distance, tout, plutôt
que de porter, par leur abstention, le moindre
préjudice à l'idée républicaine qui leur est chère.
Ils savent aussi, que si le parti républicain compte
des adeptes dans un canton, c'est presque toujours
au chef-lieu qu'ils résident; qu'il est le rendez-
vous des meneurs, de ceux qui, par leurs discours, sont susceptibles d'influencer et d'entraîner les votes.

Ce qu'il faut donc, pour éviter ces injustices et
ces périls, c'est que le vote demeure à la portée
de tous, et que l'exercice des droits politiques
ne soit pas acheté par de trop lourds sacrifices.
Mais en revanche, il est urgent que les dispositions pénales édictées en vue de réprimer tout atteinte à la loyauté du vote, soient rigoureusement

appliquées, et surtout que, lors des élections, les autorités se tiennent dans une réserve absolue.

Mais, jamais les hommes qui cherchent à moraliser le suffrage universel, et à connaître l'opinion vraie du pays, ne pourront se rattacher à un système qui conduit à la confiscation subreptice du plus sacré des droits, celui qu'ont tous les citoyens, de contrôler les hommes qui les gouvernent.

Voilà pourquoi, la cause du vote à la commune, nous l'espérons, est à jamais gagnée.

CHAPITRE SEPTIÈME

DE LA REPRÉSENTATION DES MINORITÉS.

La représentation des minorités ! C'est là un grand mot, une idée nouvelle, que certains publicistes envisagent comme une vraie découverte appelée à faire époque dans l'histoire du gouvernement représentatif.

Dans les derniers temps du régime déchu, tandis que des hommes de bonne foi tentaient en vain de transformer l'Empire césarien en Empire libéral, la question fut agitée, et plusieurs économistes se firent les défenseurs de cette doctrine[1].

1. Prévost Paradol : *La France Nouvelle*, Le droit de suf-

Mais déjà les Anglais, qui tout en respectant leurs traditions, savent si bien marcher en avant, ne s'étaient pas contentés d'envisager cette idée dans les livres ; ils avaient essayé de se rendre compte si la représentation des minorités pouvait être mise en pratique. M. Lowe [1] avait introduit la question à la chambre des communes, et elle avait soulevé une polémique ardente dans le pays tout entier. Nos voisins entrevirent un instant la possibilité d'affermir encore, avec ce nouveau mode de suffrage, leurs libertés publiques, et le système du double vote, proposé par lord Cairns, fut mis en vigueur dans certaines cir- conscriptions.

En France, aujourd'hui, en vue d'organiser le suffrage universel sur des bases plus équitables, et grâce aussi peut-être, à l'esprit d'imitation qui nous anime depuis nos malheurs, la question

frage. — De Layre : *Les minorités et le suffrage universel.*— Marquis de Biencourt : *Les Minorités.*

1. Actuellement membre du cabinet Gladstone.

des minorités est de nouveau soulevée par des hommes très-autorisés [1].

Divers systèmes ont été proposés. Avant de les examiner, nous allons jeter un coup d'œil rapide sur le principe lui-même, et sur les effets que son application produirait actuellement en France. Tout ce qui touche au suffrage universel est si délicat, si grave, qu'il faut non-seulement, l'envisager en soi et dans son principe, mais dans ses conséquences, et en tenant fidèlement compte de l'état intérieur du pays; car, il y a de bien belles théories politiques dont nos divisions présentes rendent l'application complétement impossible. La représentation des minorités est précisément de ce nombre.

Lorsqu'on l'envisage au point de vue du gouvernement représentatif, elle apparaît comme un

---

[1]. M. Ernest Naville, un des écrivains les plus distingués de la Suisse, vient de publier un livre intitulé : *La Réforme électorale en France*. L'objet de cette réforme n'est autre chose que la représentation des minorités.

idéal magnifique et comme le couronnement de
ce système. Le parlement, sous cette forme de
gouvernement, et c'est la seule que la France
puisse admettre désormais, doit être *le miroir de
la nation* [1]. Qu'est-ce, en effet, que le gouvernement représentatif, si ce n'est celui qui représente le plus fidèlement l'opinion publique. Or,
pour qu'il en soit ainsi, il faut que les divers partis
aient au sein du parlement un nombre de députés
et d'organes en proportion avec leur importance
dans le pays. « La fausse image qui change les
« proportions d'un objet le déforme et ne le re-
« présente pas, » écrit M. Naville, et il ajoute :
« La majorité est la loi des décisions ; mais la
« proportionnalité est la loi des représenta-
tions [2]. » C'est là une vérité incontestable, et une
distinction nécessaire, qui n'a pas toujours été
faite. Les législateurs ont négligé jusqu'ici de
s'en convaincre, et il est certain que ni la loi électorale de 1849, ni le décret de 1852 n'offrent

1. Prévost Paradol : *France Nouvelle*, page 74.
2. Naville : *La Réforme électorale en France*, pages 7 et 9.

aux minorités la possibilité *légale* de se faire
représenter. — M. Édouard Hervé ne semblait
pas non plus en tenir compte, lorsqu'appréciant
la discussion qui avait lieu au sein des chambres
anglaises sur cette question, il disait : « Le gou-
« vernement représentatif repose sur une fiction
« en vertu de laquelle l'avis de la majorité est
« considéré comme préférable à celui de la mino-
« rité ; cette fiction est utile et nécessaire ; et dans
« un corps électoral, il paraît au moins bizarre
« de faire nommer certains représentants par la
« majorité, les autres par la minorité [1]. »

Au point de vue des principes, nous ne tenons
pas cette opinion pour vraie ; car elle peut mener à
l'absorption de minorités très-importantes par des
majorités relativement peu nombreuses. C'est ce
qui est arrivé par exemple aux dernières élections
qui eurent lieu sous l'empire, en 1869. Sur huit
millions d'électeurs, trois millions, se montrèrent
décidés à secouer le joug autoritaire en votant

---

1. Édouard Hervé : *Une page de l'histoire d'Angleterre.*

pour les candidats de l'opposition ; mais le principe de la majorité l'emporta. Peu de temps après, elle était balayée par le flot populaire ; nous verrons quels enseignements pratiques on doit tirer de ce fait. Contentons-nous de faire remarquer, dès à présent, ce qu'a de déplorable un système, en vertu duquel les trois huitièmes des électeurs, c'est-à-dire presque la moitié, ne sont pas représentés au sein du parlement. Aussi, n'hésitons-nous pas à proclamer que l'essence même du gouvernement représentatif exige que les minorités ne soient pas complétement mises de côté, et qu'un système qui les exclut est entaché d'injustice.

Mais en supposant qu'il fût possible de rendre leur représentation mathématique et absolue, ce qui n'est pas encore démontré, si l'on en juge par les essais tentés jusqu'à ce jour, il serait impossible en France de la fixer, à cette heure, par une loi ; voici pourquoi.

Chez les nations fortement constituées, qui vivent sous une forme de gouvernement traditionnelle, incontestée, que ce soit la république ou la monarchie, il y a des partis politiques : ils s'appellent libéraux, conservateurs, catholiques, whigs, tories ; mais les partis dynastiques n'existent pas. Dès lors il n'y a pas, pour l'ensemble de la société, d'inconvénient grave à ce que les minorités soient représentées, légalement et dans une proportion exacte. Pour peu que le parti qui est aux affaires soit animé de sentiments équitables et libéraux, il ne répugnera en rien à se mesurer au grand jour avec tous ses adversaires ; quant à celui qui est en minorité au sein du parlement, cette minorité fût-elle considérable, il ne cherchera jamais qu'à renverser tel ou tel ministre, sur une question spéciale ; et, s'il y arrive, la forme du gouvernement n'en sera pas moins respectée, le calme de l'État n'en sera pas troublé.

En France, au contraire, à l'heure présente, la lutte n'a pas lieu entre les partis politiques, mais entre un grand nombre de partis dynastiques et républicains, de telle sorte que si la loi permettait aux minorités de se faire représenter proportionnellement à leur chiffre réel, le jour où les républicains seraient au pouvoir, la minorité monarchique ne travaillerait plus dans un autre but que celui d'établir la Monarchie, la minorité bonapartiste l'Empire, et réciproquement.

Cet état d'anarchie intérieure, personne ne peut le nier.

Ce serait donc une folie d'adjoindre, de propos délibéré et de gaieté de cœur, par le fait d'une loi nouvelle, à des représentants anti-dynastiques ou anti-républicains, sous un gouvernement qu'ils combattent, des collègues qui chercheraient uniquement à leur venir en aide pour accomplir plus promptement la destruction du pouvoir existant. L'Assemblée nationale est appelée à faire une loi électorale organique, qui fonctionnera sous la forme de gouvernement qu'elle aura établie; elle ne peut cependant pas créer à froid, et en vue d'un idéal représentatif, une opposition certaine au pouvoir qui sera son œuvre, qu'elle n'aura enfanté, peut-être, qu'avec de grandes difficultés et dont elle devra protéger nécessairement les premiers pas. Cette impossibilité de la représentation légale des minorités durera aussi longtemps que les partis dynastiques ou républicains n'auront pas désarmé.

Lorsque l'Empire, effrayé du mouvement d'opinion qui s'était produit aux élections de 1869, fit semblant de se convertir aux idées libérales, il se produisit dans les divers partis monarchiques un grand mouvement d'abnégation. Les légitimistes et les orléanistes sacrifièrent à la paix publique leurs sympathies politiques, et consentirent, pour la plupart, à mettre de côté leurs souvenirs et leurs espérances. On vit alors arriver aux affaires des hommes que leur passé désignait comme les coryphées d'une autre opinion. Si l'Empire, au lieu de se lancer dans les aventures, avait continué dans cette voie, s'il avait compris l'apaisement produit dans les divers partis monarchiques, par le souffle de la liberté naissante, si enfin le ministère du 2 janvier avait exigé, comme gage de son avénement, la confection d'une loi électorale; bien que les agissements du parti démagogique fussent restés menaçants, on eût pu, à la rigueur et avec le temps, introduire la représentation légale des minorités. L'Empire n'ayant plus à redouter les attaques des partis monarchiques, eût été en mesure de risquer la bataille avec les radicaux ; il était assuré de la victoire.

Les choses ont bien changé depuis lors : aujourd'hui, les partis se croient tous des droits égaux ; tous, ils prétendent donner à la France le gouvernement de leur choix, et si aucun n'ose engager la lutte, c'est uniquement de crainte de succomber. Il arrivera cependant un jour où l'un d'eux triomphera ; croit-on qu'il en aura terminé avec ses nombreux ennemis ? Plût à Dieu qu'il en fût ainsi ! Mais les vaincus chercheront à prendre leur revanche ; il faudra un long temps, une politique très-habile et la prospérité rendue à la France, pour que le triomphateur puisse goûter en paix les fruits de sa victoire. Dans de telles conditions, ne serait-ce pas folie, lorsqu'il nous est donné de faire autrement, de contribuer à lui rendre la tâche plus difficile, en lui envoyant légalement, à côté de représentants chargés de le contrôler, des adversaires nécessairement disposés à le renverser.

Est-ce à dire pour cela que l'on doive souhaiter l'absorption absolue des minorités par les majorités? Telle n'est pas notre prétention. On a dit, il y a longtemps, que sans une opposition, un gouvernement ne pouvait pas prospérer : la réciproque serait peut-être plus vraie encore ; mais enfin, la proposition l'est aussi, dans une certaine mesure, et dans un certain sens ; aussi, la France serait-elle dotée du meilleur de tous les régimes, qu'il serait à souhaiter que les minorités ne fussent pas bannies complétement du parlement. Mais leur entrée ne doit y résulter que de la liberté des suffrages, c'est-à-dire de l'absence absolue de tout ce qui rappelerait de près ou de loin la candidature officielle.

Est-il vrai d'ailleurs que, pour assurer aux minorités une part sérieuse dans la représentation nationale, il soit indispensable de recourir

à des articles de lois, à des systèmes plus ou
moins embrouillés et difficiles à comprendre? La
liberté électorale, jointe à une division fixe et ra-
tionnelle du pays en circonscriptions restreintes,
suffirait, sans nul doute, à assurer la représentation exacte du pays; car les opinions, en
France, ont pour ainsi dire leurs zones et leurs
provinces. La Bretagne est monarchique et clé-
ricale; les départements de l'Est sont plutôt républicains; les environs de Paris anti-religieux.
Il est plus rare qu'une même province renferme
des idées politiques très-variées. Au 8 février,
alors que les élections, par le fait des événements, furent plus libres qu'elles ne l'avaient été
jamais, y a-t-il eu des opinions étouffées par la
majorité, et des partis sans représentants ? Avec
la liberté électorale, un parti est vainqueur dans
une circonscription, il est vaincu dans l'autre,
mais l'ensemble du scrutin finit par donner une
très-juste proportionnalité entre les diverses
opinions.

Jetons néanmoins un coup d'œil sur les différents systèmes connus, et nous verrons qu'il n'en est aucun, jusqu'à ce jour, qui ne comporte avec lui des inconvénients et des difficultés d'exécution qui sont loin d'être compensés par leurs avantages.

Quatre systèmes principaux sont en présence :

1° Le vote par unité de collége, œuvre de Saint-Just.

2° Le vote cumulé, proposé à la chambre des communes par M. Lowe.

3° Le double vote, inventé par lord Cairns.

4° Le suffrage uninominal, récemment recommandé par M. Ernest Naville.

I. Saint-Just fut le premier inventeur du vote par unité de collége; et c'est le cas de dire avec le poëte :

La main qui le présente, en fait assez le prix.

Aussi a-t-il trouvé, depuis lors, de chauds défenseurs. En France, M. de Girardin, et en Angleterre, M. Hare, s'en sont déclarés hautement
les partisans. Ce système consiste à supprimer
toute circonscription électorale, à faire de la
France un vaste et unique collége, à donner à
chaque électeur le choix d'un seul nom, et à déclarer élu tout candidat qui réunirait un certain
chiffre de voix déterminé d'avance. L'Assemblée
doit-elle, par exemple, se composer de 500 représentants, tout électeur a le droit de désigner
un nom, et tout nom qui atteint le quotient électoral, c'est-à-dire le chiffre de voix que l'on
obtient en divisant le nombre des votants par
celui des députés à élire, est proclamé député;
de telle sorte que si, dans un département, une
minorité quelque peu importante, s'entend avec
celle du département voisin, elle est à peu près
sûre d'obtenir un représentant organe de son
opinion.

Avec ce procédé, les membres de la société
Internationale seraient assurés, pour peu qu'ils

votassent avec entente, et qu'ils eussent le soin de répartir, comme il faut, leurs suffrages, d'avoir des députés nombreux au sein des assemblées. Ils sont, dit-on, 1,500,000 affiliés en France, presque tous électeurs; en supposant que le quotient électoral fût de 20,000, ils disposeraient de 75 siéges. M. de Girardin serait peut-être fort surpris en envisageant ce premier résultat de son système. Qu'il se figure au sein d'un parlement ces 75 porte-voix des idées socialistes, ces partisans du pétrole et du partage des biens ! Quel charmant concert pour les oreilles des conservateurs, et comme on arriverait ainsi à rassurer la France !

Autre produit de ce système : Un député obtient 300,000 voix, un second 20,000; l'opinion représentée par les voix de 300,000 électeurs n'aura pas plus de poids dans le sein du Corps législatif, que celle qui ne s'est exprimée que par 20,000 suffrages, à moins d'admettre, ce qui est impossible, que le vote du premier compte pour quinze, tandis que celui du second ne compterait que pour un. Ainsi, pour avoir voulu s’affirmer sur un ou plusieurs noms célèbres, une opinion sera d’autant moins influente que ceux-là mêmes qui en sont les organes auront plus de renommée. Ce n’est pas là un des résultats les moins bizarres du vote par unité de collége. Ce système, on le voit, dans plus d’un cas, marche absolument à l’encontre du but que se proposent ses défenseurs.

Est-il besoin de faire remarquer enfin, combien ce genre de vote est contraire à l’essence même du suffrage universel, dont le principe n’est justifiable que si l’on peut démontrer qu’il est libre et éclairé ? Se figure-t-on le métayer, le maître d’école, voire même le curé de la commune, ayant à faire un choix dans une liste de 400 noms ? Ce serait le gâchis, et le gâchis le plus corrupteur ; car les comités d’élections, avec un peu d’argent, pourraient agir beaucoup plus facilement qu’avec le système actuel. Il arriverait fatalement que certains noms connus (et leur nombre n’est pas considérable) réuniraient un chiffre énorme de suffrages éclairés, tandis que, sous l'influence des meneurs, beaucoup d'hommes, sans notoriété aucune, arriveraient à la députation.

Tel est ce système qui, sous prétexte de produire la représentation des minorités, n'aboutit qu'à fausser radicalement la vraie représentation nationale.

M. Hare, jurisconsulte anglais, a cherché à atténuer les mauvais effets du vote par unité de collége, tout en en conservant le principe[1]. Il supprime aussi la multiplicité des colléges électoraux, et veut que chaque député tienne son mandat du peuple tout entier, sans distinction de circonscriptions. Mais, d'après lui, chaque électeur a le droit de mettre sur son bulletin autant de noms qu'il le juge convenable par ordre de préférence, de telle sorte que, si le candidat inscrit le premier sur sa liste avait déjà obtenu le chiffre de

1. Le système de M. Hare a été pratiqué en Danemark, sous l'empire de la constitution de 1855 ; la constitution du 28 juillet 1866 dans le même pays l'a supprimé.

voix nécessaire pour être proclamé député, on tiendrait compte de ce suffrage au candidat immédiatement inscrit après lui. Au cas où le nombre des candidats ayant acquis la quotité exigée pour être élu d'emblée, serait inférieur à celui des députés à élire, il serait complété par l'admission de ceux qui auraient obtenu le plus de voix après eux.

Cette manière de procéder est sans nul doute beaucoup plus pratique que la méthode de M. de Girardin; grâce à elle, du moins, une opinion qui a réuni 300,000 voix obtient un chiffre de représentants bien plus considérable que celle qui en a réuni 20,000 seulement; mais l'électeur n'en est pas moins obligé de désigner, et par conséquent de connaître un grand nombre de candidats. De plus, si chaque vote est compté, si chaque électeur est représenté d'une façon effective, combien le seront par un candidat qu'ils souhaitaient fort peu, qu'ils n'avaient porté sur leur liste que comme pis-aller? Enfin, en cas de mort ou de démission d'un député, il faudrait refaire des élections générales pour arriver à le remplacer. C'est là une lacune à laquelle ni M. de Girardin ni M. Hare n'ont songé.

Cette dernière difficulté, ajoutée à tant d'autres, ne peut que faire reléguer ce système dans le domaine de la théorie pure.

II. Le second système, pour arriver à la représentation des minorités, est celui que M. Lowe proposa à la Chambre des communes d'Angleterre, et dont M. Prévost-Paradol s'est également fait le défenseur [1].

On l'appelle le *vote cumulé*.

Il consiste en ce qu'un électeur puisse, à son gré, diviser ses suffrages entre les divers candidats à élire dans sa circonscription, ou les accumuler tous sur un seul d'entre eux. En supposant qu'un département ait trois députés à nommer, voici comment on procède : chaque électeur inscrit, comme il l'entend, sur son bulletin de vote, trois noms différents, ou trois fois le même

1. *La France Nouvelle*, chapitre Ier; du droit de suffrage.

nom. De sorte que si la minorité, dans le département, représente le tiers des voix et qu'elle se coalise pour les porter sur le même candidat, cette minorité est assurée d'être maîtresse de l'élection dans un des trois colléges. La majorité n'en reste pas moins, pour cela, avec tous ses priviléges. Seulement, elle est réduite dans une juste proportion.

Ce système a le grand avantage, comme on le voit, de donner un organe à toute opinion relativement importante dans un département, et par là même, il désarme ces minorités irritées et jalouses qui dénigrent sourdement, et sans cesse, le gouvernement, parce qu'il leur est impossible de se faire représenter. Mais, avec le vote cumulé, il y a nécessité d'employer le scrutin de liste par département, et c'est là une grave et capitale difficulté. Il est inutile de revenir sur les motifs qui font de ce genre de scrutin, le plus souvent, un instrument de fausseté et de mensonge. Mais, en outre de cette raison péremptoire, il en existe d'autres qui doivent donner à réfléchir aux partisans du vote cumulé.

La base même sur laquelle il repose est tout au moins incertaine. Il suppose, en effet, des circonscriptions où il n'y a que des opinions distinctes et disciplinées ; or, est-ce bien là le cas de nos provinces? Il est possible que les opinions y soient distinctes ; mais, certes, elles sont loin d'être disciplinées ; et, sans discipline, le vote cumulé peut produire les résultats les plus bizarres, c'est-à-dire permettre aux minorités d'écraser complétement les majorités. Exemple :

Un département a trois députés à élire, et il renferme 30,000 électeurs qui se divisent ainsi :

19,000 conservateurs,

11,000 républicains.

En supposant que les conservateurs portent leurs voix sur un seul candidat, et que les républicains les divisent entre deux, on obtient les résultats suivants :

```
Nombre des électeurs. . . . . . . . . . . : 30,000
Suffrages exprimés. . . . . . . . . . . : 90,000
Majorité nécessaire pour être nommée. . : 15,001
```

Candidat conservateur : $19,000\,\text{v.} \times 3 = 57,000\,\text{v.}$; élu.
Premier candidat républi-
    cain modéré :   .   . $11,000\,\text{v.} \times \frac{3}{2} = 16,500\,\text{v.}$; élu.
Second candidat républi-
    cain radical : .   .   . $11,000\,\text{v.} \times \frac{3}{2} = 16,500\,\text{v.}$; élu.

Les républicains, qui étaient en minorité, auront donc fait élire deux candidats, tandis que les conservateurs, qui étaient en majorité, n'en auront fait élire qu'un [1]. C'est là un résultat qui serait, malheureusement, très-fréquent dans un pays comme le nôtre, où non-seulement il y a des partis divers, mais où ces partis sont subdivisés en fractions distinctes pensant très-différemment sur un grand nombre de questions. Risquer de semblables surprises serait, dans l'état de notre société, non-seulement imprudent, mais coupable.

III. Après le vote cumulé, vient le double vote dont lord Cairns s'est fait le défenseur à la Chambre des Lords, et qui a été appliqué dans certaines circonscriptions en Angleterre.

1. Ce calcul très ingénieux est tiré d'un rapport fait par M. George de Peyramont, à la conférence Tocqueville.

Le double vote n'est autre chose que le vote cumulé retourné. Au lieu de permettre à la minorité de réunir toutes ses voix sur un seul candidat, on interdit à la majorité de voter pour tous les siens. Là où il y a trois députés à élire, par exemple, chaque électeur n'a que deux voix ; s'il y en a cinq, l'électeur n'a que trois voix. On suit une progression arrêtée d'avance par le législateur, qui a fixé aussi le chiffre de voix nécessaire pour être élu.

L'élection a lieu ; il y a trente mille électeurs et trois députés à élire : deux partis sont en présence : Le radicalisme est représenté par 20 mille adhérents ; les conservateurs, par 10,000 ; le vote se produit avec l'ensemble le plus parfait. Les radicaux nomment deux députés et les conservateurs un seul. Tout va bien jusque-là ; mais voilà que la brouille se met parmi les frères et amis : 6,666 radicaux de l'Internationale votent pour deux candidats, soit A et A ; 6,666 radicaux dissidents n'admettent sur leur liste qu'un seul des candidats proposés, et votent pour deux noms,

soit A et C. Enfin 6,666 radicaux conciliants,
s'efforcent de mettre l'accord dans tous les rangs du
parti et donnent leurs suffrages aux deux candidats contestés, soit B et C :

On arrive alors aux résultats suivants :

Nombre de suffrages nécessaires pour être élu : 10,001.

A. Premier candidat radical
   de l'Internationale. . . $6{,}666 \times 2 = 13{,}332$ voix ; élu.

C. Second candidat radical
   dissident . . . . . . $6{,}666 \times 2 = 13{,}332$ voix ; élu.

B. Troisième candidat radi-
   cal de l'Internationale : $6{,}666 \times 2 = 13{,}332$ voix ; élu.

Premier candidat conser-
   vateur : . . . .   10,500 voix.

Second candidat conser-
   vateur :   9,500

Il résulte de ce vote que la majorité, lorsqu'elle n'était pas divisée, n'envoyait que deux
représentants. Du moment, au contraire, qu'elle
s'est désagrégée, elle en obtient trois. Les conservateurs, qui n'ont pas été prévenus à temps
de la manœuvre, n'ont point réuni leurs deux
voix sur un même candidat, et dès lors ils ne
sont pas représentés du tout. Voilà ce que l'on
appelle la représentation des minorités.

IV. Enfin, il y a encore un quatrième système, que M. Ernest Naville vient d'exposer dans un écrit récent[1]. On pourrait l'appeler le *suffrage par compensation*, comme on va en juger par l'exposé suivant, que nous empruntons à son auteur :

1° Pour être candidat, il faut être présenté par un nombre déterminé d'électeurs, chacun n'usant qu'une seule fois de ce droit de présentation.

2° Le candidat ainsi présenté doit déposer une liste portant en tête son nom, puis, selon l'ordre de sa préférence, le nom des autres candidats auxquels il veut transmettre les suffrages superflus ou insuffisants, par rapport au quotient électoral qu'il pourrait obtenir.

3° Avant l'élection, l'autorité publie, dans chaque circonscription, un tableau de tous les candidats, rangés par ordre alphabétique.

4° L'électeur dépose dans l'urne un billet portant un seul nom, celui du candidat qu'il préfère.

---

1. *La Réforme électorale en France*, par Ernest Naville.

5° Les bulletins sont dépouillés au chef-lieu de la circonscription, où on proclame le nombre des suffrages accordés à chaque candidat. « Le quo-« tient électoral théorique, dit l'auteur, ré-« sulte de la division du nombre des électeurs « inscrits par le nombre des députés à élire. On « établit le quotient électoral *pratique* en prenant « pour base le nombre des bulletins valables. Le « droit des électeurs absents passe aux électeurs « présents, selon la pratique *universelle.* »

Les députés qui ont atteint le quotient électoral sont proclamés aussitôt. Quant à ceux qui ne l'ont pas obtenu, on leur transfère les suffrages super-flus des candidats nommés, en commençant par ceux qui sont le moins nombreux. On prend pour base de ce travail les listes présentées par le candidat lui-même avant l'élection. On leur trans-fère ensuite les suffrages insuffisants, en obser-vant la même marche.

Exemple :

Une circonscription a trois députés à élire. Il y a 40,000 électeurs, le quotient électoral est de 13,335. Deux listes sont en présence ; le vote donne les résultats suivants :

	1re *liste.*		2e *liste.*
M. Gambetta. . .	18,170.	M. de Pressensé. .	13,000.
M. Jules Favre. .	7,500.	M. Wolowski. . .	1,330.

M. Gambetta est élu ; on transporte à M. Jules Favre les 4,835 voix qu'il a obtenues en trop ; toutefois, elles ne lui suffisent pas pour être élu. M. de Pressensé n'a pas atteint le quotient électoral, on lui attribue 335 voix de M. Wolowski, et il est nommé.

Mais, il faut trois députés : M. Jules Favre qui a obtenu le plus de suffrages, n'a cependant pas atteint le quotient électoral. A moins donc d'un second tour de scrutin [1] où il peut fort bien arriver que l'accord ne se produise pas entre les diverses opinions, il faudra compléter les voix manquant à M. Jules Favre par celles données à M. Wolowski. Croit-on par là donner satisfac-

---

1. L'auteur de ce système ne prévoit pas de second tour de scrutin.

tion aux électeurs qui avaient voté pour ce dernier? Croit-on même, que beaucoup de ceux qui
ont voté pour M. Gambetta, parce qu'à leurs yeux
il a fait preuve d'un certain patriotisme pendant
la guerre, soient flattés que leurs suffrages re-
tournent à M. Jules Favre, qu'ils croyaient, avec
raison, retiré à jamais de la vie publique?

Mais voilà qu'au lieu de deux listes, il y en a
quatre en présence, dans un département où il
n'y a que deux députés à élire. On peut bien supposer, en effet, que, dans une même circonscription électorale, il existe quatre partis différents.
Le vote a lieu, et le scrutin donne les résultats
suivants :

1° *Liste radicale.*	2° *Liste bonapartiste.*
M. Gambetta. 10,000 voix.	M. Rouher. . 6,000 voix.
M. Jules Favre . . .	M. Duvernois. 2,000 voix.
3° *Liste légitimiste.*	4° *Liste orléaniste.*
M. De Falloux.. 5,600 voix.	M. Guizot . . . 7,000 v.
M. de Kerdrel. . 4,400 voix.	M. Casim. Périer. 5,000 v.

Le quotient électoral étant 20,000, puisqu'il
n'y a que deux députés à élire, on aura beau don-

ner à M. Rouher les 2,000 voix de M. Duvernois ;
à M. de Falloux, les 4,400 voix de M. de Kerdrel ;
à M. Guizot, les 5,000 voix de M. Casimir Pé-
rier, aucun d'eux n'aura atteint le chiffre de
20,000, c'est-à-dire la majorité des suffrages exprimés. — Les 40,000 suffrages se décompose-
ront ainsi qu'il suit :

Gambetta.	Rouher.	De Falloux.	Guizot.
10,000	8,000	10,000	12,000

Quels seront dans ce cas les deux élus? Pren-
dra-t-on les deux candidats qui ont obtenu le plus
de voix, c'est-à-dire M. Gambetta et M. Guizot ?
Mais alors que devient donc ce beau système qui
permettait de donner des organes à toutes les opinions importantes ?

Que si on passe à un second tour de scrutin, ce
que M. Naville, je le répète, ne suppose même
pas dans son système, croit-on que les électeurs
qui ont voté pour M. Gambetta voteront volontiers pour M. de Falloux, et que ceux qui ont
voté pour M. Rouher reporteront leurs voix sur

M. Guizot? On sera nécessairement obligé de prendre les deux candidats qui auront obtenu le plus de voix, c'est-à-dire M. Guizot et M. de Falloux. Il arrivera que les orléanistes et les légitimistes, dont l'opinion n'est représentée que par 22,000 électeurs, auront un député, tandis que les bonapartistes et les radicaux, qui sont 18,000 dans le département n'en auront pas. Est-ce là l'application de ce principe posé par l'auteur : *La proportionnalité est la loi de la représentation ?* Non, certes, car les quatre neuvièmes des citoyens ne seront pas représentés.

Cette seule objection nous paraît irréfutable, et rend le suffrage par compensation tout à fait impossible.

Mais, on peut encore lui opposer qu'il nécessite une sorte de suffrage à deux degrés; qu'il vicie le vote de l'électeur, puisque l'on en dispose souvent en dehors de sa volonté; qu'il crée des catégories parmi les députés, les uns élus pour eux-mêmes, les autres par la charité de leurs voisins de liste; qu'il est souverainement compliqué, et enfin que, dans un grand nombre de cas, il produit des résultats absolument opposés à ceux que l'on attend de lui.

Tels sont les principaux systèmes qui tendent à faire représenter les minorités. Comme le lecteur a pu le voir, ils n'atteignent pas le but proposé ; ils ont tous un mécanisme difficile à saisir, plus difficile encore à pratiquer : enfin ils sont affectés d'un vice commun et capital ; ils supposent, nécessairement, que les partis sont ou homogènes, ou disciplinés, et réduits à deux ou trois dans chaque circonscription. Or c'est là pour la France une erreur absolue, erreur qui empêchera d'ici longtemps l'essai de cette belle théorie idéale qui s'appelle, la représentation des minorités.

CHAPITRE HUITIÈME.

DE LA PRÉPARATION DES ÉLECTIONS.
DES COMITÉS ÉLECTORAUX.

Un des grands reproches que l'on peut adresser au suffrage universel, ce sont ses revirements subits, ses haines, ses enthousiasmes irréfléchis. Que de fois ne l'a-t-on pas vu, dans un espace de temps souvent fort restreint, se déjuger lui-même d'une façon absolue, et passer, à l'égard du même personnage, d'une admiration passionnée à une animadversion sans mesure? A quoi cela tient-il? A la mobilité du caractère français d'abord; à l'ignorance et à la naïveté des électeurs ensuite. Mais cela tient aussi et surtout aux vices même du suffrage universel, de cette énorme et puis-

sante machine, composée d'éléments innombra-
bles, très-divers, très-indépendants les uns des
autres, force aveugle dont on ne saurait prévoir
les effets, lorsqu'elle se met en mouvement, parce
qu'on n'a pas encore trouvé la main qui peut et
doit la diriger.

De là ces résultats bizarres, inattendus, qui
trompent l'œil le mieux exercé ; de là, ces assemblées sans homogénéité, sans union, et, par conséquent, sans puissance.

Il est urgent de porter remède à un semblable
état de choses ; car il met la paix publique en
danger permanent. Mais la nature du mal est
telle, qu'il ne saurait être vaincu que par des
moyens héroïques. Il faut passer par dessus des
préjugés démocratiques que rien ne justifie, et
avoir le courage de se dire que le plus grand
nombre des électeurs n'étant pas suffisamment
éclairés par eux-mêmes, il est nécessaire qu'ils
soient guidés dans leur choix, non par le pouvoir,
qui ne peut le faire sans danger pour leur liberté,
mais par leurs propres délégués, par ceux qu'ils

ont déjà nommés, comme leurs mandataires de confiance. En un mot, il faut éclairer, diriger le suffrage universel, légalement et moralement, par une préparation sérieuse, libre et honnête, des élections.

Mais, de combien de difficultés cette préparation n'est-elle pas entourée, dans un pays comme la France, en proie aux divisions et aux querelles intestines les plus violentes.

Deux dynasties au moins et plusieurs républiques sont en présence ; chacune ayant derrière elle un parti considérable, bien décidé à ne déposer les armes que le jour où il se sentira irrévocablement battu.

Ce sont ces éléments, qu'en cas d'élections, il s'agit désormais de coordonner, d'unir, sinon en un seul faisceau, du moins en deux armées, dont l'une, plus forte, et plus nombreuse, aura pour mission de tenir l'autre en respect ; car, un pays où les partis persisteraient, malgré les décisions de la majorité, à rester systématiquement désunis, serait livré pour toujours à une affreuse anarchie, et à une décadence inévitable. Pour arriver à cette union si désirable, il faut une vraie abnégation de la part des uns, et une grande modération de la part des autres. Que les honnêtes gens partent tous d'un point commun, la volonté du pays; qu'ils s'engagent à s'y soumettre, lors même qu'elle ne serait pas conforme à leurs affections ou même à leurs convictions; et ils n'auront pas de peine à trouver alors un terrain commun, sur lequel ils pourront se rencontrer.

Ce terrain, c'est celui des grands intérêts sociaux; c'est le terrain des libertés nécessaires, liberté de la famille, liberté de la religion, liberté du travail et de la propriété.

Lorsque deux hommes se noient, fussent-ils ennemis acharnés, s'ils s'aperçoivent qu'en s'aidant mutuellement ils peuvent se sauver tous les deux, ils oublient facilement leurs vieilles haines. Or, nous sommes tous à cette heure, au milieu des flots, emportés par un courant violent qui nous entraîne à la ruine, à la mort; et ce n'est pas de trop de toutes nos forces réunies, si nous voulons y résister, et aborder au rivage. Donc, ce qu'il faut tâcher de persuader aux citoyens vraiment dévoués à la France, à quelque opinion politique qu'ils appartiennent, c'est que le radicalisme devient chaque jour plus puissant; c'est qu'il n'a qu'un but, se débarrasser de tout ce qui est honnête par tous les moyens possibles; c'est que la lutte est uniquement aujourd'hui entre les incendiaires, les partageux, les anti-cléricaux d'une part et les conservateurs de l'autre.

Et non-seulement il faut que les bons citoyens fassent tous preuve de cette abnégation, mais il faut encore, à tout prix, qu'ils s'organisent et qu'ils agissent. Les radicaux, en effet, ont une organisation complète, de vieille date, qui peut fonctionner en toute occasion, au premier signal; leur armée est aussi disciplinée que l'armée prussienne; un seul mot, un seul coup de télégraphe, parti du bureau central de l'Internationale, a autant d'écho dans les provinces que ceux de M. de Moltke lorsqu'il veut mobiliser les landwehrs.

Mais, la question est précisément de savoir quels sont les moyens à employer, en vue de cette organisation. Le gouvernement, sans souci de son avenir et de sa sécurité, peut-il livrer le pays complétement à lui-même, ou bien doit-il prêter à ceux qui seront ses soutiens naturels le concours puissant de ses agents? Et le devoir des conservateurs est-il de le répudier ou de l'accepter?

Sans nul doute, l'établissement d'un régime *parlementaire* implique l'abandon de ce que l'on a appelé les candidatures officielles; et s'il s'est jamais trouvé quelques esprits honnêtes, prévenus en faveur de ce système, les vingt années que nous venons de traverser, auront suffi certainement à leur enlever toute illusion. C'est ce système désastreux qui est la cause de presque tous nos maux; c'est à lui que nous devons l'Italie et le Mexique; c'est de lui qu'est issue cette chambre, humble servante de l'Empire, qui a voté la guerre sans se rendre compte si la France avait été offensée, sans savoir si nos arsenaux renfermaient des armes et nos camps des soldats. Il est donc interdit, à tout jamais, à un pouvoir quelconque de revenir à la pratique de la candidature officielle avec tout son coupable cortége d'intimidations et de corruption.

Mais il ne s'ensuit pas qu'un gouvernement ait perdu tout droit de se protéger et de se défendre. La théorie du régime parlementaire laisse aux ministres la faculté d'avoir des partisans, de les déclarer, et de dire au pays : tel candidat est avec nous, tel autre est contre nous. C'est là une vérité qui découle de la responsabilité ministérielle, et que les esprits les plus libéraux n'ont jamais contestée.

Sous un régime constitutionnel, en effet, ce n'est plus la personne du souverain qui, dans chaque élection, est en jeu, comme elle l'était sous l'Empire; ce sont les ministres. En général, il y a deux partis en présence : le parti ministériel et le parti de l'opposition. Ils ont tous deux les

mêmes droits, ni plus ni moins. Ils peuvent dire
l'un et l'autre : celui-ci partage notre opinion,
celui-là lui est contraire. Mais, ce que le parti
ministériel n'a pas le droit de faire, c'est de se
servir de la centralisation et des faveurs administratives pour faire triompher ses amis ; car,
dès lors, la lutte cesserait d'être égale. C'est là
une théorie certaine, et qui empruntera aux né-
cessités de la situation une nouvelle force, le jour
où la France jouira d'un gouvernement définitif ;
parce qu'alors, tout ministère, tout parti ministériel, pour se soutenir aux affaires, aura à lutter
non-seulement contre un parti anti-ministériel,
ce qui arrive dans tous les pays, mais encore
contre un parti anarchique très-nombreux et des-
tructeur de l'ordre de choses établi.

Les autorités les plus incontestables en cette
matière ont toutes accédé à cette doctrine. « Je
« trouve, disait M. Jules Simon en 1863, qu'en
« toutes choses, le gouvernement a le droit de
« dire son avis, et j'ajoute qu'il fait bien de le
« dire. Je ne m'insurge, à aucun degré, contre la

« déclaration faite par lui, qu'entre plusieurs can-
« didats, il y en a un qui lui agrée et un autre
« qui est contraire à sa politique. La franchise
« complète est le droit de tout le monde, du
« gouvernement comme des citoyens [1]. »

Après M. Simon, M. Thiers ajoutait :

« A mes yeux, un gouvernement a parfaite-
« ment le droit d'avoir ses préférences et de les
« manifester. Un gouvernement, dans un pays
« librement constitué, n'est autre chose qu'une
« opinion arrivée au pouvoir. Cette opinion, en
« arrivant au pouvoir, n'a pas perdu le droit in-
« hérent à toutes les opinions de se faire valoir
« et de se défendre [2]. »

Il y a même des esprits réputés très-libéraux
qui poussent les choses plus loin : ils admettent
qu'un gouvernement peut destituer les fonctionnaires qui combattent le candidat ministériel. Si le
fonctionnaire, disent-ils, croit le ministère dans un

[1]. Discours prononcé au Corps législatif impérial.

[2]. M. Thiers : discours prononcé au Corps législatif impérial.

système ennemi du pays, et qu'il veuille travailler à le renverser, il est de son honneur, de sa délicatesse, de ne pas conserver une place qui exige une confiance réciproque. En Angleterre, comme aux États-Unis, dans ces deux terres classiques, l'une monarchique et l'autre républicaine du gouvernement représentatif, cette théorie est journellement appliquée. On n'y met nullement en doute le droit qu'ont les ministres de prendre un personnel administratif conforme à leurs vues. L'histoire journalière des deux pays nous apprend qu'en Angleterre, chaque fois qu'un nouveau ministère arrive aux affaires, tous les employés, voire même les femmes attachées au service particulier de la reine, sont remplacés, et qu'en Amérique, l'avénement d'un nouveau président entraîne aussi le renouvellement du personnel administratif en son entier, dans le sens du parti vainqueur.

Quant à nous, nous ne poussons pas si loin les droits que confère aux ministres leur responsabilité devant l'opinion. En Angleterre et en Amérique, le nombre des fonctionnaires n'est point, comme en France, de 600,000. Ils ne constituent donc point une armée. En outre, dans ces deux pays, berceaux de la décentralisation, les électeurs agissent pour leur propre compte. S'ils font de mauvais choix, du moins ils savent pourquoi. Chez nous, au contraire, l'électeur vote d'une manière plutôt que d'une autre, parce que l'autorité préfectorale le veut ainsi, ou que le percepteur des impôts en a manifesté la volonté. L'administration a une puissance d'intimidation qu'elle ne possède dans aucun autre pays. Il nous est donc interdit, sous peine de revoir les jours les plus purs de la candidature officielle, d'admettre la théorie américaine ou anglaise. De la servilité à la servitude il n'y a qu'un pas : la dépendance excessive des fonctionnaires nous ramènerait fatalement au despotisme.

Mais, sous un gouvernement représentatif, moins les ministres doivent intervenir directement ou par leurs agents, dans les élections, plus leurs partisans et les soutiens de leurs opinions, qui ne dépendent que d'eux-mêmes, ont le devoir d'entrer en campagne pour les défendre. C'est là une nécessité absolue pour les hommes d'ordre, s'ils ne veulent pas être opprimés. L'organisation des partis anarchiques ne laisse rien à désirer : comités de villes, comités d'arrondissements, de cantons, tout cela fonctionne admirablement. Mais il n'en est pas de même dans le parti conservateur : il n'y existe pas de comités électoraux formés d'avance, ayant des correspondants dans les divers centres les plus importants. Aussi, au moment des élections, leur formation est des plus pénibles, souvent même elle est tout à fait impossible ; et, dans tous les cas, ils ont contre eux toute l'avance gagnée par leurs adversaires.

Y a-t-il un moyen légal, autre que les efforts volontaires des conservateurs, de sortir de cette situation déplorable ?

Oui, il en est un, et dès à présent nous le signalons aux membres de l'Assemblée nationale qui font partie de la commission de décentralisation.

Le législateur, du moment que le vote est un

devoir, a parfaitement le droit d'en assurer légalement la sincérité ; or, il est probable qu'un projet de loi relatif à la formation et aux attributions des conseils cantonaux, va prochainement être mis en discussion ; ne pourrait-on pas en profiter pour y introduire une disposition d'après laquelle, en cas d'élections générales, ces assemblées locales deviendraient des comités électoraux?

Les conseils cantonaux seront probablement composés des maires du canton, du conseiller général et peut-être du juge de paix, c'est-à-dire d'autorités locales provenant presque toutes de l'élection, d'hommes, la plupart du temps, honorés de l'estime de leurs concitoyens et dont le niveau intellectuel est plus élevé que celui des électeurs ordinaires. Ils semblent donc indiqués comme devant être les guides naturels du suffrage universel.

Les conseils cantonaux renferment toutes les conditions d'indépendance, de sagesse et de lumières pour remplir un tel office. La présence du juge de paix dans leur sein, qui représenterait jusqu'à un certain point l'opinion du gouverne-

ment, puisqu'il est nommé par lui, est une condition excellente pour unir, sans danger, l'élément
ministériel à l'élément électif dans une seule et
même impulsion à donner au suffrage universel.

Les conseils cantonaux, suivant nous, devraient
être obligés par la loi de se réunir à date fixe,
dix jours par exemple avant celui de l'élection, et
tenus de décider, par un scrutin public, celui des
candidats qui aurait leurs préférences. Leur décision lui serait notifiée, et il aurait le droit de s'en
prévaloir sur ses affiches et dans ses professions
de foi. Il deviendrait ainsi le candidat officiel du
conseil cantonal.

La société trouverait, dans la pratique de ce
système, des avantages considérables; elle y puiserait des garanties incontestables de stabilité,
de sagesse, sans que personne ait le droit de
crier à la tyrannie, puisque la protection donnée
au candidat aurait sa source dans les élus du peuple lui-même, et qu'elle n'en laisserait pas moins
intacts les droits des autres citoyens.

Ces comités électoraux du canton rappelleraient

de loin les colléges d'arrondissement de la Restauration, avec cette différence toutefois que c'était le roi qui, par l'organe de ses ministres, en nommait alors les présidents, tandis que maintenant ce serait le suffrage universel lui-même qui aurait désigné tous les membres des conseils cantonaux.

Comme complément à cette organisation légale, il serait utile de raccourcir cet espace de temps qui s'appelle la période électorale ; non pas qu'il faille enlever aux électeurs la possibilité de se reconnaître et de s'entendre : ce serait une atteinte à la justice et au bon sens ; mais il ne faut pas non plus que la discussion s'égare, excite les passions, envenime les questions et compromette la paix publique. Quinze jours entre la promulgation du décret qui convoque les électeurs et le jour du vote, sont amplement suffisants. Quinze jours d'agitations, quinze jours où l'on peut tout dire, tout mettre en question, c'est plus qu'il n'en faut pour connaître les candidats et terrasser ses adversaires. La législation

impériale en donnait vingt : c'était trop peu
sous le régime des candidatures officielles, ce
serait trop sous celui de la liberté ; surtout, si
l'Assemblée nationale modifie la loi sur les réunions publiques, et permet aux électeurs de se
réunir pendant les cinq derniers jours qui précé-
deront le vote.

En résumé : que les gouvernements renoncent
à substituer leurs propres passions à celles des
électeurs ; qu'ils abandonnent la direction du suffrage universel, et la remettent pleine et entière
entre les mains de ceux que le peuple a considérés comme étant les plus éclairés et les plus
dignes de sa confiance.

Il s'en suivra d'abord que les hommes auxquels
leur situation sociale et leur éducation font un devoir d'imprimer l'impulsion à leurs concitoyens,
seront forcés d'endosser des responsabilités auxquelles, trop souvent, ils cherchent à échapper,
afin de ménager leur popularité : premier résultat
très-propre à constituer de véritables partis de

gouvernement, là où il n'y a actuellement que des factions. Puis, en introduisant la discipline au sommet, cette institution électorale l'introduirait aussi à la base. Nul n'ignore, qu'à la guerre, le courage, l'énergie et l'obéissance du soldat dépendent, le plus souvent, de l'exemple qu'il reçoit de ses officiers. Il en est de même dans les batailles électorales; c'est d'en haut que doit venir l'exemple de la discipline et de la concorde. Dans l'ordre moral, comme dans l'ordre physique, le but est d'autant plus sûrement et plus vigoureusement atteint que l'impulsion est partie d'un point plus élevé.

CHAPITRE NEUVIÈME.

Lorsqu'il y a quelques semaines, le bruit se répandit que certains esprits, plus ambitieux peutêtre que clairvoyants, se disposaient à proposer le renouvellement partiel de l'Assemblée nationale, nous avons refusé d'y croire. Le rôle qu'elle a à remplir, le mandat qu'elle a reçu, malgré ce que prétendent ses ennemis, est si précis qu'il nous paraît impossible qu'elle se transforme tout à coup, et pour un temps indéfini, en une sorte de souveraine, subissant le joug ou l'ascendant du chef du pouvoir, comme certaine reine d'un pays voisin subit aujourd'hui celui de son premier ministre.

L'Assemblée a été nommée pour deux choses, faire la paix, et délivrer la France du gouvernement du 4 septembre, odieux à la province, plus odieux encore peut-être à la ville de Paris qui en était l'auteur.

Elle a fait la paix ; elle la continue chaque jour en payant la rançon de la France, et en négociant l'évacuation des départements envahis.

Il lui reste à accomplir la seconde et à fonder un gouvernement véritable. Mais, ces deux choses achevées, sa tâche sera remplie ; et les Français seraient bien surpris si, un beau matin, ils apprenaient que cette assemblée, nommée par eux en vue de deux mandats aussi déterminés, s'est tout à coup donné un brevet de longévité et de permanence. L'avenir leur apparaîtrait alors sans espérances, sans issues ; et ils protesteraient, non sans raison, contre les hommes qui, après avoir reçu la mission formelle de créer à la patrie un avenir définitif, n'auraient réussi qu'à prolonger ses inquiétudes et ses souffrances.

Mais, ce que l'Assemblée ne doit pas faire pour

elle-même, elle aura le devoir d'examiner, lorsqu'elle écrira la constitution, si elle doit le faire pour les parlements qui lui succèderont. Dès lors, il n'est pas inutile d'étudier à fond et à un point de vue général, les avantages comme les inconvénients du renouvellement intégral et partiel des assemblées électives.

Or, de deux choses l'une : ou bien la France deviendra une République libérale, ou elle se constituera en Monarchie Constitutionnelle ; c'est donc dans ces deux hypothèses qu'il faut se placer pour envisager utilement cette grave question.

Voici les raisons qui s'opposent à l'établissement du renouvellement partiel des assemblées sous la République.

I. Qu'est-ce, en France, que la République, telle que nous l'y avons toujours vu appliquer ? C'est le gouvernement des assemblées sans contrôle supérieur, sans contre-poids véritable, sans frein d'aucune sorte. A la différence des Etats-Unis où le chef de l'État est revêtu d'une autorité considérable, où il est beaucoup plus qu'un simple exécuteur des volontés du Congrès, chez nous l'Assemblée est tout, le président n'est presque rien. Et de plus combien de républicains ne veulent même pas consentir à la création d'une seconde Chambre appelée à contrebalancer l'influence de la première. Qu'en résulte-t-il ? c'est qu'entre cette Assemblée unique, dépositaire de toute la force morale du pays, et ce pouvoir exécutif dépositaire de toute la force active et matérielle, surgit un duel inévitable, qui ne prend fin que lorsque l'un des deux a subjugué l'autre, et l'a réduit à l'humble condition de serviteur.

Eh bien, le renouvellement partiel appliqué sous un tel régime, nous paraît devoir amener fatalement l'extinction des libertés publiques et le triomphe du despotisme, soit le despotisme de l'assemblée, si elle gouverne en souveraine, soit celui du Pouvoir exécutif, s'il vient à l'emporter sur elle. C'était l'opinion de M. de Beauvoir, lorsqu'il disait, en 1824 : « Le renouvellement partiel a été

« inventé par la tyrannie » et qu'il en apportait comme preuve la Constitution de l'an III, sous la Convention, et la Constitution de l'an VIII sous Bonaparte. « Le renouvellement partiel, disait-il,

« était nécessaire à la première pour retarder

« l'impulsion de l'opinion publique qui précipitait

« sa chute ; utile au second, qui, ne voulant offrir

« au peuple français que le simulacre des libertés

« publiques, faisait élire par un Sénat payé pour

« ne rien voir, une Assemblée payée pour ne

« rien dire. »

Mais, avec nos mœurs, nos traditions, nos habitudes, c'est bien plutôt la domination du président sur l'Assemblée qui serait le résultat du renouvellement partiel.

Supposons en effet que le Président de la République soit en désaccord sur une question fondamentale avec le parlement qui est chargé de le contrôler. Un renouvellement partiel a lieu ; que va-t-il se passer ?

Nul ne l'ignore, les électeurs français ont une tendance marquée à donner plutôt raison à celui qui gouverne qu'à leurs propres mandataires. Ils se disent qu'une Chambre appartient de droit au gouvernement qui l'a faite. Il est très-vraisemblable dès lors, que les élections seront favorables aux idées du Président, et il se produira nécessairement ce fait, que l'Assemblée, loin de dominer le pouvoir exécutif, sera dominée par lui ; et si les anciens représentants persistent dans leur première opposition, on ne manquera pas de leur dire qu'ils ne sont plus l'expression actuelle de la France, que le pays vient de manifester sa pensée, qu'ils doivent céder ; et ils céderont, parce que la force des choses le voudra ainsi. Les relations entre le chef du pouvoir et la majorité de l'Assemblée deviendront alors d'autant plus tendues que celle-ci aura été obligée de faire une chose qu'elle désapprouvait davantage.

Les élections complémentaires du 2 juillet 1871 sont la preuve frappante de ces effets inévitables. Au moment où elles eurent lieu, le Chef du gouvernement ne poursuivait qu'un but : maintenir le

plus longtemps possible le provisoire. L'Assemblée nationale, au contraire, voulait arriver à sortir le pays d'un état d'indécision qui l'énerve. Que
s'est-il produit ? Dans tous les départements où
des élections ont eu lieu, le Président de la république a laissé ses amis s'unir à ceux qui ne crai-
gnaient pas de proclamer hautement que l'Assemblée voulait mener la France à je ne sais quel
despotisme clérical et féodal. Le parti conservateur, toujours timoré, redoutant un conflit, a
donné gain de cause, aux idées de M. Thiers.
Puis, subissant le joug du suffrage universel,
la majorité du parlement, numériquement très-peu
affaiblie, qui manifestait, peu de jours auparavant, la ferme volonté de maintenir le *statu
quo*, vota, sur la simple proposition d'un confi-
dent du pouvoir, l'extension et la durée des attributions de celui que, la veille, elle aurait volontiers remplacé.

De cet exemple il ressort que le renouvellement
partiel appliqué sous le régime républicain, peut
avoir pour résultat de permettre au chef du gou-

vernement, selon les circonstances et les exigences du moment, un système de bascule, dont le parlement sort infailliblement diminué, pour ne pas dire annulé.

A plus forte raison un semblable effet se produirait-il, si le renouvellement partiel venait à être appliqué sous le règne du pacte de Bordeaux, c'est-à-dire sous la république provisoire, et avant que l'Assemblée nationale eût adopté une forme définitive de gouvernement. Avec l'organisation du pouvoir exécutif tel que l'a créé la loi du 31 août 1871[1], on peut affirmer sans témérité, que ce pouvoir trouverait, dans le renouvellement partiel, un sûr moyen de prendre de plus en plus une place prédominante, et finalement, de peser de tout son poids, sur les destinées de la France.

Despotisme de l'Assemblée, ou despotisme du Président, tel est en somme, sous une République,

---

1. Proposition de loi de M. Rivet, membre de l'Assemblée nationale.

le résultat certain et inévitable du renouvellement partiel.

Du reste, hâtons-nous de le reconnaître, les républicains sérieux, ceux qui ne font pas de la république leur carrière, comme l'a dit un jour l'un d'entre eux, sont généralement ennemis du renouvellement partiel. Ils comprennent qu'il est complétement opposé à la théorie même du gouvernement républicain.

Sur quel principe, en effet, repose cette théorie? Sur la souveraineté absolue du peuple. Or, la force de l'élection décroît naturellement à mesure qu'elle s'éloigne de son origine; car les intérêts, ou du moins les opinions qui les interprètent, peuvent avoir changé; par conséquent, elle se produit tout entière dans le renouvellement intégral, et en partie seulement dans le renouvellement fractionnaire, proportionnellement à la fraction renouvelée. La théorie décide donc que, toutes choses égales d'ailleurs, le renouvellement intégral appartient davantage au principe républicain, et cela est si vrai que, dans le pays le plus républicain de la terre, aux États-Unis, il n'est jamais venu à l'idée de personne de substituer le renouvellement partiel au renouvellement intégral.

Si l'on se place maintenant dans la seconde hypothèse, et si l'on suppose que la France soit appelée à vivre sous une monarchie constitutionnelle, là encore on n'aura pas de peine à reconnaître que l'essence d'un gouvernement vraiment représentatif, qui cherche à unir le principe de l'hérédité à celui de la souveraineté nationale, s'oppose au renouvellement partiel.

La question fut agitée sous un des régimes les plus représentatifs que la France ait eu, sous la Restauration, dans une des plus intéressantes discussions de nos annales parlementaires. Tous les grands orateurs de cette époque y prirent une large part [1], et, il faut le dire, les esprits les plus libéraux fu-

1. Discussion sur la septennalité : Discours de MM. Royer-Collard, de Labourdonnaye, général Foy, de Villèle, de Girardin, Benjamin Constant.

rent extrêmement divisés. Tout a été dit alors pour et contre le renouvellement partiel, et ces mémorables débats rendent ma tâche ici plus facile.

Lorsqu'on rapproche le principe d'hérédité monarchique du renouvellement intégral des assemblées, il est certain que l'on se trouve en face de deux institutions, de deux principes opposés.

L'hérédité, c'est la perpétuité ; le renouvellement intégral, c'est la vie à court délai. Il semble donc, tout d'abord, que le renouvellement partiel corresponde davantage à cette perpétuité de la royauté, puisqu'il laisse non-interrompue la vie des parlements, et que la fraction nouvelle qui arrive dans l'Assemblée n'est autre chose que l'héritière légitime de la fraction qui s'en va. Mais l'hérédité n'est qu'une des bases de la monarchie constitutionnelle. La volonté nationale en est une autre, qui doit trouver satisfaction, elle aussi, dans le renouvellement des assemblées.

Or, le renouvellement partiel est une atteinte continuelle à cette volonté.

Supposons en effet que les nouveaux élus représentent une opinion différente de celle qui a présidé aux élections antérieures. Ces élus seront en minorité dans l'Assemblée, et dès lors l'opinion publique actuelle ne sera pas représentée. La volonté nationale aura choisi ses représentants; mais ceux-ci n'auront pas pu, à cause de leur petit nombre, faire prévaloir leurs opinions qui sont cependant les opinions présentes du pays. Et comme les Français, on peut le dire sans les calomnier, sont essentiellement volages et changeants, l'opinion publique sera modifiée à chaque renouvellement fractionnaire, et dès lors ne sera jamais représentée.

Il est une autre raison qui s'oppose à l'adoption du renouvellement partiel : c'est la pondération des pouvoirs.

La monarchie constitutionnelle a pour but de modérer l'un par l'autre le Monarque et l'Assemblée. Pour atteindre ce but, on a inventé la création d'une seconde Chambre, dont le rôle principal est de servir de tampon naturel entre ces deux éléments, lorsqu'ils vont à la rencontre l'un de l'autre. Il faut donc que ces deux Chambres soient issues d'une source différente, ou tout au moins, qu'elles soient nommées dans d'autres conditions. Aussi est-il admis généralement que si la seconde est issue de l'élection elle doit se renouveler partiellement, de façon à suivre d'une part, avec une certaine lenteur, le mouvement des esprits, et de l'autre, à modérer les vivacités de l'opinion publique qui auront pu s'introduire dans la première, lors de son renouvellement intégral. Si le mode de renouvellement devait être le même pour les deux, l'opinion publique s'introduirait dans l'une et l'autre absolument dans les mêmes proportions; dès lors la seconde Chambre ne se trouverait plus en mesure de jouer, vis-à-vis de la première, le rôle essentiellement modérateur pour lequel elle est faite.

Le renouvellement partiel de la première Chambre jetterait aussi un trouble profond dans les relations de cette Assemblée avec le Monarque. Suivant les hypothèses, le pouvoir du roi et de ses ministres pourrait devenir despotique, ou bien être absorbé d'une façon absolue par la représentation nationale.

Si celle-ci en effet, ne vivait pas en bonne intelligence avec le prince, et que l'opinion publique, ce qui n'est nullement invraisemblable, donnât raison à ce dernier dans des élections partielles, il pourrait braver impunément le parlement, le faire attaquer par une presse payée sans craindre pour son trône, et la liberté de l'Assemblée deviendrait un mythe.

Si, au contraire, l'opinion publique venait à se déclarer hautement et contre la Chambre et contre le Souverain, dans le cas où ils seraient en parfaite communauté d'idées, il pourrait fort bien arriver que, grâce à notre tempérament tapageur, l'Assemblée elle-même fût mise, ainsi que le roi, dans la plus triste situation. Celui-ci étant obligé de choisir son ministère dans la majorité devrait, au point de vue constitutionnel, malgré cette modification de l'opinion publique, prendre encore ses ministres dans cette même majorité qu'un renouvellement partiel n'aurait pas suffi à détruire. Il arriverait alors de deux choses l'une : ou bien le pouvoir céderait devant ces manifestations partielles, et alors il serait forcé de casser la Chambre, ce qui, dans une semblable hypothèse, serait une atteinte considérable aux principes vitaux du gouvernement représentatif ; ou bien le ministère, assuré d'une forte majorité dans l'Assemblée, persisterait à se maintenir aux affaires en usant de son droit, et alors il pourrait fort bien arriver, comme au 24 février 1848, que le trône, les Ministres et la Chambre fussent tous balayés en même temps par le flot populaire, ce qui serait plus qu'une atteinte au gouvernement représentatif, ce qui serait sa mort.

Le renouvellement partiel, sous une monarchie constitutionnelle, en temps de crise ou de surexcitation, conduirait donc nécessairement le pays au despotisme du prince ou à celui de la rue.

Mais en outre des inconvénients qu'il emprunte aux diverses formes de gouvernement, le renouvellement partiel en comporte en lui-même qui ne l'abandonnent jamais.

Le premier et le plus grave, c'est qu'il constitue, pour le pouvoir et même pour les assemblées, une tentation perpétuelle de mettre des entraves à la liberté électorale.

Pour le pouvoir. Voyez un ministre lorsqu'il arrive aux affaires, il n'a le plus souvent qu'un but : s'y maintenir le plus longtemps possible ; et si l'on faisait le compte, depuis deux ans seulement, de ceux qui ont su en descendre bénévolement et sans regrets, combien en trouverait-on ? Il est donc permis de supposer qu'un ministère auquel l'opinion publique échapperait dans une élection partielle, emploierait tous ses soins à se préparer des amis dans les diverses branches de l'administration pour les élections suivantes. Les fonctionnaires seraient spécialement choisis en vue du résultat à obtenir ; et, on sait que le gouvernement dispose d'une véritable armée, dans chaque département. Nous reverrions s'épanouir les jours les plus purs de la candidature officielle, et si cela n'était pas, il faut avouer, du moins, que les ministres se trouveraient en lutte avec des tentations incessantes qu'il est peut-être plus prudent de ne pas leur infliger.

Retournera-t-on l'objection, et dira-t-on qu'avec le renouvellement intégral, la situation sera absolument la même ? Rien n'est moins exact. Il est beaucoup plus difficile à un ministère, comme à une armée, de remporter une victoire sur un champ de bataille étendu que sur un terrain restreint. S'il est facile d'agir sur tels ou tels individus, il est des mouvements d'opinion contre lesquels les manœuvres les plus savamment combinées viennent fatalement échouer ; les élections de 1869, sous l'empire, en sont une preuve éclatante.

Au point de vue des assemblées, mêmes craintes à redouter. L'histoire est là pour nous montrer quels sont les moyens que les majorités employent lorsqu'elles se sentent atteintes. En 1817, les députés nouveaux qui devaient leur élection au renouvellement partiel, introduisirent, au sein de la Chambre de 1815, un esprit peu conforme à celui de la majorité dominante. Dans les années suivantes, deux séries les renforcèrent, et la majorité semblait devoir leur être acquise par la série qui était imminente. Que s'en suivit-il? Ceux qui allaient se trouver en minorité prévirent leur défaite, et la loi des élections fut changée.

Un second danger, inhérent au renouvellement partiel, sous tous les régimes, c'est l'agitation rapprochée et périodique qu'il entretient dans le pays. Avec les réunions publiques préparatoires, avec la presse démagogique, avec l'état de divisions des partis en France, les élections annuelles, quoique localisées dans un petit nombre de départements, jetteraient un trouble général sur l'ensemble du pays. Il arriverait qu'au lieu de retrouver ce calme dont elle a si grand besoin pour se relever, la France serait livrée à un malaise perpétuel, qui finirait par lui faire prendre en dégoût un gouvernement, quel qu'il fût, sous le règne duquel la paix publique n'aurait pas été un instant assurée.

Et que l'on ne dise pas que c'est là un vain fantôme : l'histoire de la Restauration démontre suffisamment la vérité de nos appréhensions.

Dès 1822, lorsque le ministère proposait le retour au renouvellement intégral, le discours du trône en témoignait par ces paroles : « Le renou- « vellement partiel promettait moins d'agitations, « et cependant il les a laissées subsister. Il pro- « mettait plus de force au pouvoir, il ne la lui a « pas donnée. »

Un troisième inconvénient du renouvellement partiel, c'est l'impossibilité dans laquelle il met un gouvernement d'adopter une ligne politique nette et tranchée. Sous le régime de la monarchie représentative, aussi bien que sous le régime républicain, le gouvernement du pays n'est possible qu'avec le concours et l'appui d'une majorité solide. Or, une assemblée qui est soumise chaque année à un renouvellement partiel, ne saurait jamais produire cette majorité; sans cesse elle se trouverait ébranlée, déplacée même, et les ministres, étant obligés de marcher avec ce point d'appui mobile et flottant, seraient mis dans la nécessité de modifier leurs propositions aussi souvent que se modifieraient les opinions. Est-il possible dès lors de gouverner? Peut-on, par exemple, entamer des négociations libre-échangistes si, cinq mois après, il arrive au sein de l'Assemblée, un nombre de députés suffisant pour modifier la majorité dans le sens protectioniste? Avec le renouvellement partiel, plus de grands ministres, plus de politique extérieure, large et suivie; c'est la langueur ou l'anarchie dans le gouvernement.

Avec le renouvellement intégral, au contraire, tous les cinq ou sept ans, comme cela existe pour le parlement anglais, les ministres peuvent avoir une politique extérieure septennale, une administration intérieure septennale; en un mot la pensée, l'action générale du gouvernement sont fixées pour sept ans. Croit-on que si le prince de Bismarck avait à redouter la modification du parlement allemand chaque année, il pourrait mener à bonne fin l'unité germanique? Aujourd'hui il aurait une chambre unitaire ; demain elle deviendrait autonomique; et dès lors, au lieu de jouer le rôle d'un grand ministre, il serait réduit à celui de parlementaire finassier, un jour d'un avis, le lendemain d'un autre, toujours sur la corde raide, le balancier à la main, ne songeant qu'à une chose, se maintenir, se protéger lui-même, et obligé d'abandonner tous ses grands projets d'avenir, tous ses rêves ambitieux pour le pays qu'il sert.

Non, une nation qui veut être grande, qui veut avoir une place dans les conseils de l'Europe, ne peut pas s'exposer à voir sa politique journellement modifiée par le caprice ou les passions de quelques citoyens.

II. Le renouvellement intégral est loin de pré-

senter les mêmes dangers, non pas qu'il soit absolument dépourvu d'inconvénients ; les choses
humaines sont rarement parfaites ; mais ils sont
beaucoup moins graves que ceux du renouvellement partiel.

On lui objecte de produire des secousses violentes dans la marche des gouvernements : « C'est,
« disait Royer-Collard en 1814[1], une chose qui,
« si elle se répétait trop souvent, ne laisserait de-
« bout aucun ministère, et peut-être aucun gou-
« vernement. »

Pour les ministres, il est certain que c'est une
épreuve difficile. Il n'est nullement démontré
cependant que si leur gestion a été honnête et
libérale, ils ne puissent pas, dans notre pays, faire
des élections favorables à leur politique. Notre
histoire parlementaire fournit des preuves du
contraire.

Quant aux gouvernements, l'esprit conservateur est tel en France, que si nous avions des
institutions représentatives permettant de faire

1. Discours sur la charte.

remonter la responsabilité des événements non pas
au chef de l'État, mais aux ministres, ils ne cour-
raient aucun risque d'être renversés. Le peuple
français, bien qu'étant un des peuples qui comptent le plus de révolutions dans leur histoire, est
cependant un de ceux qui a le plus horreur des
bouleversements politiques ; et ce qui le prouve,
c'est la ténacité avec laquelle il appuie tous ceux
qui sont au pouvoir, quelque nom qu'ils portent,
quelques principes qu'ils représentent, pourvu
qu'ils maintiennent l'ordre et la sécurité. Les majorités en France ont toujours subi les violences
des minorités, mais elles n'ont jamais pactisé
avec elles ; et nous persistons à croire que, sauf
peut-être quelques grandes villes, aucun peuple
n'est plus conservateur que le peuple français.

A un moment donné, il peut arriver, il est
vrai, que la majorité de l'Assemblée, et par conséquent le ministère qui la représente, se trouve
en opposition avec l'opinion publique. Dans cette
hypothèse, le chef de l'État peut et doit user, malgré ses propres répugnances, de cette prérogative

qui s'appelle le droit de dissolution, et qui, entre les mains d'hommes sensés, est un puissant préservatif contre les révolutions. C'est une question de tact, d'où peut dépendre le salut des gouvernements. Mais pour peu qu'ils sachent s'en servir en temps opportun, ils seront à même de triompher de toutes les attaques et d'affronter toutes les secousses inhérentes au renouvellement intégral. En effet, de deux choses l'une : ou bien les électeurs enverront siéger des représentants appartenant à la même nuance d'opinion que leurs prédécesseurs, et alors c'est le pays lui-même qui aura décidé que le chef de l'État doit maintenir son ministère ; ou bien les députés nouveaux seront différents des premiers, et alors il choisira parmi cette majorité nouvelle les hommes appelés à gouverner.

On a dit encore que le renouvellement intégral livré chez nous à l'esprit démocratique, sans qu'aucune aristocratie véritable le domine, serait la périodicité de la tempête. Cette pensée pouvait être vraie en 1824, lorsque le cens était la base de l'élection, et que c'était une bourgeoisie souvent tracassière qui disposait des destinées du pays. Divisée en deux camps, celui des favoris qui avaient obtenu des places sous le ministère, et celui des boudeurs qui en avaient réclamé sans les obtenir, cette classe intermédiaire, à chaque renouvellement intégral, rendait la vie fort difficile aux ministres, et souvent faisait remonter jusqu'au roi sa mauvaise humeur et son dépit.

Aujourd'hui, avec le suffrage universel, avec des circonscriptions limitées qui donneraient aux influences locales la place à laquelle elles ont droit, ces tempêtes, ces écarts d'opinions seraient beaucoup moins à redouter. La grande majorité des électeurs est composée de paysans qui ont tous, ou à peu près, un petit coin de terre qu'ils entendent conserver précieusement ; ils savent très-bien que le renversement d'un gouvernement dépend souvent des élections. Ils n'ignorent pas non plus que les révolutions ont pour premier résultat de faire baisser le prix des denrées, et que ce qu'ils possèdent devient aussitôt l'objet des convoitises

14

de leurs voisins moins riches qu'eux. Cette seule pensée qui leur est commune, est la garantie la plus efficace contre le désordre. Du reste, si le renouvellement intégral est la périodicité de la tempête, le renouvellement partiel n'est-il pas la fièvre continue ; et la fièvre n'a-t-elle pas pour effet de miner sourdement, mais fatalement, les tempéraments les plus robustes ?

Ce qui nous plaît dans le renouvellement intégral, c'est qu'il permet au pays de dire son opinion d'une façon complète, et aux gouvernements de s'éclairer, s'ils le veulent ; c'est surtout qu'il laisse la possibilité d'une politique large et suivie. Sorte de bail à moitié passé entre ceux qui sont à la tête des affaires et les représentants, il réserve à ces derniers une faculté absolue de résiliation. Les ministres étant de moitié avec les députés sont comme des métayers ; ils ont tout avantage à bien administrer la terre qui leur est confiée. Assurés de conserver leur fermage aussi longtemps qu'ils l'améliorent, ils peuvent se livrer à de grands travaux qui feront prospérer, dans une large proportion le bien dont ils sont tenanciers. Le parlement n'a que des avantages à retirer de ce fermage politique ; il profite des revenus pour une part égale à celle des ministres, et l'opinion fait remonter à lui la moitié des bienfaits. Dans le cas de mauvaise gestion au contraire, comme il en est le premier atteint, il résilie son bail et leur donne congé.

Un des griefs les plus vifs des partisans de la monarchie contre le renouvellement intégral, c'est de dire qu'il a pour effet nécessaire d'incliner cette forme de gouvernement vers la République, en faisant une place trop large à la volonté nationale. Rien n'est plus vrai ; mais c'est précisément là ce qui nous en plaît. M. Thiers a dit que la monarchie constitutionnelle n'était autre chose qu'une république avec un président héréditaire. Ce mot était déjà vrai avant l'établissement du suffrage universel direct ; il l'est bien plus encore, depuis l'abolition du cens.

Il en est d'autres enfin, qui font au renouvellement intégral le reproche opposé, et qui pensent qu'il laisse trop longtemps en suspens l'exercice des droits politiques du peuple. Ils ne l'admettent qu'à la condition qu'il ait lieu fréquemment, tous les trois ans par exemple ; mais ils s'y opposent pour le cas où l'Assemblée durerait sept années, comme en Angleterre. Ils prétendent que la volonté nationale reçoit une atteinte par cette prolongation de vie. N'est-il pas plus vrai de dire, au contraire, qu'il y a de graves inconvénients à détourner sans cesse les citoyens de leurs affaires et de leurs intérêts particuliers pour l'exercice de leurs droits politiques?

Dans un pays agité, divisé comme l'est la France, la période électorale n'offre que trouble et dégoût aux citoyens honnêtes et pacifiques. La fréquence des élections y amène fatalement alors les abstentions, et, par conséquent, l'absence de représentation vraie. La souveraineté nationale ne doit pas exclure la sagesse nationale. Laissons au pays le temps du repos, pendant lequel l'opinion doit s'éclairer et mûrir ; elle n'en sera, par la suite, que plus énergique et plus vraie.

III. Si maintenant, l'histoire à la main, l'on se demande ce que le renouvellement partiel a produit en France, chaque fois qu'il y a été appliqué, il semble difficile que l'on puisse conserver quelque doute sur les dangers qu'il entraîne.

Ce fut la première République qui, après le règne de la Terreur, le substitua au renouvellement intégral. La Convention, sommée de se dissoudre par le pays irrité des souffrances de tous genres qu'elle lui avait infligées, ne pouvait cependant se décider à abandonner complétement son œuvre. C'est alors qu'elle chercha un biais, afin de prolonger son existence, et de retarder le mouvement monarchique qui commençait à s'accentuer dans toute la France. Elle décida donc, dans la constitution de l'an III (1795), la création de deux assemblées : le Conseil des Anciens, composé de deux cent cinquante membres, et celui des Cinq-

Cents. A eux deux, ces conseils formèrent le Corps législatif. Ils devaient, l'un et l'autre, se renouveler par tiers chaque année ; mais la Convention eut soin de s'y réserver une large place, en décidant que, tout d'abord, les **deux tiers** de ses membres en feraient partie.

Que se produisit-il aussitôt ?

Les Conventionnels, qui voyaient le pouvoir leur échapper, se cramponnèrent plus que jamais à leurs idées anarchiques, comme le moribond se cramponne à la vie lorsqu'il sent qu'elle le quitte. Les citoyens, qui leur furent adjoints arrivèrent, au sein du Corps législatif, portés par le flot de la réaction, avec des vues politiques opposées. Deux années de renouvellement partiel suffirent pour modifier complétement cette assemblée, et bientôt les deux Conseils manifestèrent hautement des sentiments royalistes et l'intention de mettre le Directoire en accusation. Le comité de gouvernement était lui-même divisé : Carnot et Barthélemy y représentaient les idées du moment ; les trois autres, Barras, Laréveillère-

Lepeaux et Rewbell, au contraire, étaient restés fidèles aux doctrines révolutionnaires.

Devant le danger qui les menaçait, ces derniers prirent l'initiative et intimèrent à Augereau l'ordre de faire entrer dans Paris des forces imposantes. Les Conseils furent cernés à six heures du matin, le 4 septembre 1797, date propice, paraît-il, à l'envahissement des assemblées. Carnot et Barthélemy furent déportés; onze membres du Conseil des Anciens, quarante-deux de celui des Cinq-Cents, trente-cinq journalistes, un grand nombre de prêtres et de prétendus conspirateurs, furent conduits sous bonne escorte à Sinnamary, et les élections de 50 départements furent annulées. Trois membres du Directoire avaient suffi pour usurper le pouvoir absolu, et ils en usèrent avec la dernière rigueur.

Il fallut le coup d'État du 18 brumaire pour mettre fin à cette odieuse dictature.

Le renouvellement partiel institué par la constitution de l'an III eut donc pour résultats :

1° De retarder pendant de longues années le

mouvement monarchique très-prononcé à cette
époque,

2° De provoquer le coup d'État du 18 brumaire
qui, sous les apparences de la monarchie, ne nous
donna que le césarisme, et conduisit la France,
par des voies glorieuses, il est vrai, au gouffre de
Waterloo.

Si le renouvellement intégral avait eu lieu en
1795, à la place du renouvellement partiel, il
serait nécessairement arrivé que les royalistes,
au lieu d'être représentés par une minorité dans
le sein du Corps législatif, y seraient entrés en
grande majorité, et la France aurait échappé, à
la fois, au despotisme du Directoire et à celui
de Bonaparte.

Les ennemis du renouvellement intégral répondent : « si le renouvellement partiel a produit ces fâcheux résultats, il a, du moins, rendu
au pays la paix intérieure. Le renouvellement
intégral a eu de bien plus terribles conséquences ;
car c'est de lui qu'est née la Convention, et les
malheurs qui éclatèrent alors sur la France. »

C'est là une erreur.

Non, les éléments mauvais qui composaient la Convention, n'y avaient pas pénétré à la faveur du renouvellement intégral, mais bien grâce à cette mesure déplorable prise par l'Assemblée Constituante, par laquelle aucun de ses membres n'était rééligible à l'Assemblée Législative. Cette inéligibilité produisit nécessairement l'apparition de députés nouveaux, étrangers aux affaires, jaloux de la popularité de leurs prédécesseurs, voulant eux aussi, à tout prix, devenir populaires. Mais, pour y arriver, ils durent suivre une voie différente de celle dans laquelle avaient marché ceux qu'ils remplaçaient. Ce motif fut la véritable cause de leurs faiblesses coupables, qui préparèrent les violences de la Convention.

Sous la monarchie constitutionnelle, les effets du renouvellement partiel ne furent pas plus heureux.

En 1816, pour la première fois après la dissolution de la Chambre introuvable, si fameuse par ses exagérations royalistes, la France fut appelée à nommer ses représentants. Le ministère Decazes y obtint une majorité relativement restreinte. 32 départements envoyèrent des députés appartenant à l'ancienne majorité : la droite occupait 92 siéges sur 228. Quoique en minorité, elle formait donc une minorité imposante. Le premier acte de la Chambre fut de refaire la loi électorale que la Chambre introuvable n'avait pas pu mener à bonne fin. Le renouvellement par cinquième y était consacré.

Peu de temps après, en 1817, on le mettait à l'épreuve.

La droite en sortit diminuée ; elle perdit douze voix qui allèrent grossir, non pas le parti ministériel, mais celui des indépendants [1]. En outre, dans un grand nombre de départements, la majorité ministérielle avait été très-minime.

---

1. On appelait ainsi, à cette époque, ceux qui, sans se l'avouer à eux-mêmes, n'auraient pas vu d'un œil défavorable la chute de la monarchie traditionnelle.

En 1818, nouvelle élection partielle.

Les hommes de la droite font des pertes plus considérables encore ; 15 voix leur échappent, qui s'en vont de nouveau augmenter le parti des indépendants ; et celui-ci se grossit en outre de 4 voix échappées au parti ministériel ; total, 19.

En 1819, le 11 septembre, nouvelles élections.

Sur 54 nominations, le ministère en obtient 14, la gauche 35, et la droite 5.

La monarchie voit donc de jour en jour se multiplier le nombre de ses adversaires. C'était là le résultat, non-seulement de la fréquence des élections elles-mêmes, mais plus encore de l'agitation perpétuelle dans laquelle elles entretenaient le pays. On voit, en relisant l'histoire de cette époque, plus de trois mois avant le jour fixé pour l'ouverture du scrutin, la presse se livrer aux dernières violences, et chercher à surexciter l'opinion publique.

Le péril que court la royauté, les troubles qui éclatent sur plusieurs points du territoire, à Paris surtout, obligent le ministère Richelieude Serre à présenter une nouvelle loi électorale en vue du renouvellement partiel de 1820. Et cependant, la loi de 1816 était une loi parfaitement conservatrice, ayant le cens et un cens très-élevé pour base. Mais il en est des gouvernements les plus solidement établis, comme des grands et beaux arbres : ils peuvent supporter le choc violent de la tempête ; ils finissent par tomber devant un ébranlement continu.

La nouvelle loi électorale, comme tout remède nouveau et puissant, porta d'abord de bons fruits ; les élections partielles de 1820 donnèrent des résultats bien meilleurs que les précédentes. Mais le renouvellement fractionnaire allait promptement recommencer son œuvre de désagrégation.

En 1821, le renouvellement du cinquième enlève deux voix à la droite et cinq au ministère, qui vont toutes grossir les rangs de la gauche.

En 1822, le renouvellement du cinquième a lieu sous l'impulsion du nouveau ministère Villèle. Il en sort victorieux, mais dans quelle proportion et à quel prix ? Il est obligé d'user de cet instrument fatal aux pouvoirs qui s'en servent, qui s'appelle la candidature officielle. Risquer le renouvellement d'un nouveau cinquième l'année suivante, après une victoire si pénible, eût été marcher à une perte certaine. Le ministère le comprit, et profitant de l'heureuse impression produite sur l'opinion publique par les succès de nos armées en Espagne, il cassa résolûment la Chambre, et procéda à de nouvelles élections générales.

Chose curieuse, la France qui, jusque-là, dans toutes les élections partielles, avait infligé des échecs à l'opinion modérée représentée dans les parlements par les centres droits, se retourna brusquement de son côté. Presque partout les candidats du gouvernement prévalurent ; la gauche antidynastique et le centre gauche un peu frondeur furent battus, même à Paris. Sur les 258 élections des colléges d'arrondissement, 241 députés appartenaient à la droite ou aux centres modérés, 17 seulement à la gauche.

A quoi doit-on attribuer cette différence?

Est-ce aux succès militaires qui avaient précédé les élections? un peu peut-être, quoique à vrai dire, de semblables considérations ne soient pas aptes à produire sur des électeurs censitaires, instruits, et s'occupant de choses politiques, le même effet que sur les électeurs du suffrage universel direct.

Est-ce aux manœuvres électorales employées par l'administration centrale? Non, car elles furent très-modérées, relativement à ce qu'elles avaient été au renouvellement partiel précédent.

Est-ce à la popularité du ministère? pas davantage. M. de Villèle ne fut jamais un ministre très-populaire.

Ce à quoi il faut attribuer ce revirement dans l'opinion, c'est au tempérament politique de la France. Lorsque nous marchons à une bataille électorale *partielle* qui nous fait l'effet d'être peu importante, d'où nous n'entrevoyons pas que puisse surgir une révolution, nous nous complaisons dans des niches d'écolier; et nous votons pour tel ou tel candidat, uniquement afin d'être désagréable à tel ou tel ministre; cela nous amuse. Ou bien encore nous n'allons pas aux élections parce que cela nous dérange et nous ennuie; sans nous apercevoir qu'en agissant de la sorte, nous jouons avec le feu. S'agit-il, au contraire, d'élections générales, d'où ressort la nécessité de donner une nouvelle force au pouvoir, le sentiment frondeur fait place au sentiment conservateur qui est le fond de notre nature. Nous ne songeons plus à être agréables ou désagréables à celui-ci ou à celui-là; nous pensons à nous-mêmes, à notre repos, à nos intérêts, à nos biens ; et nous nous empressons d'apporter au gouvernement existant un zélé concours.

Pareille chose arriva en 1824.

A peine la nouvelle Chambre fut-elle réunie, que M. de Villèle lui proposa de substituer le renouvellement intégral au renouvellement partiel. Grâce à lui, il put, pendant quatre ans, gouverner la France en paix. Malheureusement, il ne sut pas résister aux entraînements et aux

violences de son propre parti. Les élections générales de 1827 donnèrent tort à sa politique, et
il dut céder la place à **M.** de Martignac.

Mais la majorité qui fut le fruit de ce second
renouvellement intégral bien qu'hostile au ministère, ne l'était point à la royauté ; et si le roi
Charles X, au lieu de voir d'un œil complaisant
ses amis de l'extrême droite se coaliser avec
certains politiques égarés de cette époque [1] pour
renverser le libéral **M.** de Martignac, les avait
mis en demeure de lui prêter leur concours, il
est bien vraisemblable que la Révolution de 1830
n'aurait jamais eu lieu. Les élections générales de
1827 ne furent pas cause de la chute de la
royauté. Cette chute fut uniquement due à l'inex-
périence du roi lui-même, à celle de ses meilleurs amis, et à l'esprit de parti des doctrinaires.

On le voit, sous la monarchie constitutionnelle,
comme sous la République, le renouvellement par-

1. *Revue des Deux-Mondes* des 1ᵉʳ et 15 octobre 1871 :
Mémoires inédits du duc de Broglie ; par **M.** Guizot.

tiel n'a produit que désordre dans le pays, que désordre dans le gouvernement. L'expérience vient donc confirmer la théorie pour recommander à nos législateurs, quand l'heure sera venue, le renouvellement intégral.

———

CHAPITRE DIXIÈME.

DE LA SOUVERAINETÉ NATIONALE.
DE LA SOUVERAINETÉ DES ASSEMBLÉES.
DES PLÉBISCITES.

Dans notre société si étrangement troublée, où tout est mis en question, la souveraineté de la nation, nous l'avons dit, est peut-être le seul principe qui ne soit pas encore sérieusement contesté.

Mais en quoi consiste cette souveraineté ? Donne-t-elle au peuple le droit de tout faire ? En un mot, où commence-t-elle ? Où est sa limite ? Et de quelle manière doit-elle s'exercer ?

Sur ce point l'accord n'existe plus, et la controverse est des plus vives.

L'Empire, pendant vingt ans, a étrangement contribué à bouleverser toutes les notions que les hommes sensés s'étaient faites jusqu'alors de la souveraineté populaire. Il n'est pas inutile de rechercher où est la vérité en pareille matière : car elle touche aux bases essentielles de la société, en même temps qu'elle constitue la raison d'être du suffrage universel.

Pour nous, la souveraineté nationale c'est le droit qu'a une nation de faire ses affaires elle-même. Or, ce droit peut s'exercer de trois manières : ou par le peuple directement, c'est la théorie césarienne et bonapartiste ; ou par une assemblée unique et souveraine, c'est la théorie des républicains, en France ; ou par deux assemblées, subordonnées l'une à l'autre, c'est la théorie monarchique-constitutionnelle[1].

1. Quelques lecteurs se demanderont peut-être quel rang nous assignons à la théorie américaine dans cette classification. *Au point de vue du principe qui nous occupe,* la théorie américaine est la même que la théorie monarchique-constitutionnelle.

Examinons, l'une après l'autre, ces trois hypothèses.

I. Dans l'ancienne Rome, les Empereurs
avaient trouvé le moyen d'imposer à leurs sujets
la plus odieuse tyrannie, en s'appuyant sur les
Prétoriens. Gorgés d'or et saturés de plaisirs, on
sait comment ces hommes se prêtaient aux caprices les plus monstrueux du Prince.

La civilisation chrétienne a mis fin à ce honteux
état de choses.

Mais la race des despotes ne s'est pas éteinte
complétement; elle n'a fait que se transformer.
Deux fois, dans le courant de ce siècle, la France
à subi le joug de leurs dignes rejetons. Ceux-là,
il est vrai, ne se fiaient plus à la connivence
des soldats, mais ils comptaient sur la bêtise de
leurs sujets. Ils introduisirent alors cet instrument de despotisme, d'autant plus dangereux
qu'il apparaît tout d'abord aux yeux de la foule
comme un signe de sa liberté, le plébiscite.

Le plébiscite, c'est-à-dire la souveraineté nationale confisquée, le pauvre peuple berné, courant
avec joie au devant du piége qui lui est tendu, et
y tombant, sans songer un instant à la profon-
deur de l'abîme vers lequel on le pousse.

D'après cette théorie, le chef de l'Etat, l'*im-
perator*, se met en contact perpétuel avec la nation. Il est censé n'agir que d'après ses volontés.
L'intermédiaire naturel et nécessaire entre deux
extrémités aussi éloignées, le parlement, n'existe,
pour ainsi dire, qu'à l'état de conseil, et de
conseil muet, n'ayant le droit de parler que
lorsqu'on réclame son avis. Quant aux motifs
qui ont inspiré ses décisions ils restent ignorés
du public [1].

Pour qui connaît l'état d'ignorance dans lequel se trouve le suffrage universel, est-il possible
de voir dans ce système autre chose qu'un escamo-
tage absolu des vœux de la nation ? Consulter le

[1]. La Constitution de 1852, qui est le fruit le plus pur de
la théorie plébiscitaire, enlevait tout droit d'initiative aux
députés, interdisait la publicité de leurs séances, et la repro-
duction de leurs débats.

peuple sur toutes les questions importantes dans un pays de 36 millions d'hommes, où la moitié des citoyens sait à peine lire et écrire, avec la faculté de poser les questions comme bon vous semble, n'est-ce pas se jouer de la souveraineté populaire elle-même? La première condition de l'exercice de cette souveraineté n'est-elle pas que le peuple sache ce qu'on lui demande, et qu'il soit mis à même de se prononcer librement? Or, n'est-il pas vrai que les questions plébiscitaires sont toujours introduites au milieu de circonstances, et dans des termes qui ne laissent pas le libre choix de la réponse?

Quelle est du reste, la limite du droit plébiscitaire? Où s'arrête ce droit?

Si l'on admet que le peuple soit apte à décider une question, pourquoi ne pas admettre qu'il pourra les décider toutes? « L'intervention de « tous les citoyens, dira-t-on, n'est nécessaire « que sur le terrain constitutionnel. » Mais alors, que devient, le *droit absolu* de la nation? Si elle est souveraine, pourquoi, lorsqu'il s'agit

d'enseignement ou de religion, n'interviendrait-
elle pas aussi bien que lorsqu'il s'agit de savoir s'il y aura une ou deux chambres? Et en
supposant que la souveraineté nationale soit
limitée aux questions constitutionnelles, à quoi
reconnaîtra-t-on clairement le point où une loi
cesse d'avoir ce caractère? La loi du recrutement par exemple, est-elle une loi constitutionnelle? Les avis peuvent être fort partagés en
pareille matière.

Si du moins les partisans du régime plébiscitaire admettaient qu'avant de poser une question
au peuple, le parlement *librement élu* ait le droit
d'en fixer les termes; mais il n'en est rien. Pour
eux, le plébiscite n'est pas autre chose qu'une
boîte à surprises, dont se sert, en temps utile, la
dynastie régnante, afin de se faire absoudre des
fautes qu'elle a commises, ou de se faire donner un
blanc-seing pour celles qu'elle s'apprête à commettre; c'est la négation de la souveraineté nationale elle-même.

En se reportant à tous ceux qui ont eu lieu de-

puis vingt ans, on acquiert vite la certitude de
cette vérité. Pour ne parler que du dernier, au
8 mai 1870, la grande majorité des Français se
précipitait vers les urnes électorales, dans l'espoir
d'assurer la paix et le repos du pays ; deux mois
après, il était lancé dans une guerre désas-
treuse.

Et cependant, beaucoup ne sont pas encore
dégoûtés de l'invention et voudraient y revenir;
ceux-ci, parce qu'ils voient au bout la réalisation
de leurs espérances ; ceux-là, parce qu'ils croient
sincèrement que c'est le seul moyen de clore la
bouche aux déclamateurs et aux destructeurs de
gouvernements.

Toutefois, il n'y a rien d'absolu dans ce
monde.

Certes, un gouvernement établi, ayant des
rouages réguliers, ne doit à aucun prix, pour les
besoins momentanés de sa cause, user tout à coup
de cette machine de guerre, qui s'appelle lo plébiscite : mais lorsqu'il s'agit de doter le pays d'une
forme de gouvernement qu'il n'a pas, et d'insti-

tutions absolument nouvelles, peut-il, doit-il en être de même?

C'est le cas de l'Assemblée nationale en 1872.

Si l'on s'en tient à la rigueur du principe, il est bien certain que la souveraineté du peuple, s'exerce de la façon la plus complète par les représentants nommés librement. Mais on ne saurait se dissimuler l'état de bien des esprits à cet égard. Le pays a été habitué par l'Empire, à régler lui-même les questions de forme de gouvernement. Un grand nombre de citoyens n'admettraient pas à l'heure actuelle, qu'une assemblée pût être appelée à fixer seule les destinées du pays. Aussi, malgré ce que pourront en penser certains esprits, que le seul mot de plébiscite fait tressaillir d'effroi, aurons-nous le courage de dire ce qui est notre conviction intime ; c'est, qu'étant données les compétitions, les rivalités de partis, l'Assemblée Nationale, le jour où elle aura déclaré définitive une forme de gouvernement, n'aura pas d'autre moyen de la rendre durable que de la faire ratifier par la sanction populaire. Ce sera une satisfaction donnée à de faux préjugés, cela est possible ; mais ce sera aussi le seul moyen de clore la bouche aux hommes de l'Empire, et d'arracher à l'opposition une arme puissante, qu'il serait très-dangereux de lui laisser.

Le peuple n'aurait pas dans ce cas, bien entendu, à faire un choix entre telle ou telle réforme ; il aurait simplement à ratifier ou à repousser une constitution longuement discutée dans le sein du parlement, sur laquelle, par conséquent, tous les hommes intelligents auraient eu le temps de réfléchir. On ne lui demanderait pas son avis, on lui demanderait son assentiment, et il le donnerait parce que l'œuvre de l'Assemblée serait, nous n'en doutons pas, celle du bon sens, de la justice et de la raison.

Puissions-nous marcher dans cette voie, afin de ne tomber, ni dans les bras de la démagogie, ni dans ceux du césarisme qui épient le moment favorable pour nous ravir de nouveau, par la ruse ou la violence, cette souveraineté nationale dont nous sommes si jaloux, et que nous savons si mal sauvegarder.

II. Après la théorie bonapartiste vient la théorie des républicains. Avec des apparences de modération et de sagesse, elle n'est ni moins absolue ni moins fausse.

Fidèles à l'étymologie du mot plébiscite [1], nos républicains reconnaissent que le peuple n'est pas suffisamment instruit pour traiter directement des affaires publiques, et ils proclament que : « La souveraineté nationale n'est reconnue, n'est « pratiquée dans un pays, que là où le par- « lement, nommé par la participation de tous « les citoyens, possède le dernier mot dans le « traitement des affaires publiques. (Très-bien ! « à gauche.) S'il existe dans les constitutions, « quelles qu'elles soient, qui ont la prétention de « satisfaire le principe de la souveraineté natio-

1. *Plebis scitum* : science du peuple.

« nale, un pouvoir quelconque qui puisse tenir
« un parlement en échec, la souveraineté natio-
« nale est violée [1]. »

C'est là ce que l'on peut appeler la théorie de
la souveraineté des assemblées.

D'après elle, la participation au gouvernement
d'une seconde Chambre élue par une catégorie
spéciale de citoyens, et pouvant tenir en échec les
décisions de la première, est repoussée. Quant au
Président de la République, il devient l'humble
serviteur des volontés du parlement, qui lui dit :
fais ceci, et il le fait ; viens ici, et il y va.

De toutes les théories nous n'en connaissons
pas de plus dangereuse ; car elle mène droit au
despotisme le plus affreux, au despotisme des
assemblées, c'est-à-dire à l'anarchie légale. L'histoire du passé est là pour nous en avertir ; puisse
celle du présent ne pas venir la confirmer ! Mieux
vaut encore le despotisme d'un homme, parce
qu'il est plus facile à combattre et à renverser.

1. Discussion sur le plébiscite du 8 mai. (Discours de
M. Gambetta 27 avril.)

En outre, cette théorie conduit fatalement au mandat impératif. Si le peuple est souverain absolu, pourquoi n'aurait-il pas le droit de dire à ses délégués qu'il ne les revêt de sa confiance qu'à la condition de s'engager d'avance à faire ceci ou cela ; à la condition même de lui rendre compte, toutes les fois qu'il le jugera à propos, de la façon dont ils auront exécuté ses ordres ?

Les républicains, il est vrai, une fois arrivés au pouvoir, oublient facilement leurs théories les plus chères. Cette souveraineté des assemblées qu'ils proclament si haut, ils s'en passent, quand ils la redoutent ; et on les voit, lorsqu'ils ne peuvent pas avoir un parlement de leur choix, y substituer une volonté dictatoriale qu'ils imposent pendant de longs mois, et malgré lui, à leur pays [1].

Les républiques étrangères, celles où le principe

---

1. Du 4 septembre 1870, au 8 février 1871, malgré les réclamations incessantes du pays, les dictateurs de Paris, de Tours et de Bordeaux, se sont sans cesse refusés à convoquer les électeurs.

de la souveraineté nationale est le plus respecté,
en comprennent tout autrement l'application.

Aux États-Unis, par exemple, il y a deux chambres ; toute loi doit avoir été adoptée par elles
deux. Le Président de la République a un droit
de veto qui, certes, est une entrave puissante aux
écarts du Congrès. Le dernier mot reste, il est
vrai, à ce dernier ; mais, en cas de veto, pour
que l'on passe outre, la résolution doit avoir été
adoptée par les deux tiers des voix dans les deux
parlements.

Quant à la participation directe du peuple aux
affaires publiques, elle n'est admise que dans certains cas très-rares. C'est lorsqu'il s'agit de modifier la constitution de l'État [1].

Les Américains considèrent que de semblables modifications sont choses si graves, que le
consentement spécial et *ad hoc* du peuple est
nécessaire pour leur donner force de loi. Lors-

---

[1]. *Revue des Deux Mondes* du 15 octobre. — *Le Pouvoir
constituant aux États-Unis*, par E. Laboulaye.

que le Congrès décide qu'il y a lieu de modifier la constitution, le peuple est aussitôt convoqué, et consulté sur l'opportunité de la mesure. S'il répond, oui : il est appelé à nommer une Assemblée Constituante. Celle-ci ne porte en rien atteinte au Congrès qui continue à siéger, et elle s'occupe uniquement de résoudre la question constitutionnelle. S'il répond, non : on passe outre.

La souveraineté du peuple, même dans son application la plus large, est donc entourée encore de restrictions : ce n'est pas le peuple qui décide directement les modifications, ce sont les représentants qu'il nomme. Il y a loin de là aux plébiscites impériaux ; et cette nomination de mandataires nouveaux, élus en vue d'étudier une question spéciale, diffère essentiellement de la procédure plébiscitaire en France, qui consiste à poser des questions à brûle pourpoint, à de pauvres paysans qui n'en peuvent mais, et qui ne savent pas toujours si le plébiscite est un homme ou une chose [1].

1. Le 8 mai 1870, un homme de la campagne en par-

Ainsi donc, dans le pays le plus libre et le plus républicain de la terre, soit qu'il s'agisse du peuple représenté par ses mandataires, soit qu'il s'agisse du peuple participant directement aux affaires publiques, on a admis une certaine hiérarchie, et certaines précautions qui affranchissent la nation, soit de son propre despotisme, soit de celui des assemblées. Les Américains ont eu le bon sens de ne point se livrer pieds et poings liés à toutes les surprises, à toutes les utopies, à toutes les licences d'une démocratie sans frein, afin que leur liberté ne pût jamais être étouffée par personne.

Quand les républicains français seront-ils assez jaloux de la leur et de la nôtre, pour entourer de précautions semblables l'exercice de la souveraineté nationale?

III. Les monarchistes constitutionnels entendent

lant du plébiscite, s'étonnait que l'Empereur eût donné à son fils un nom si difficile à prononcer.

tout autrement cette souveraineté ; car eux aussi, ils la reconnaissent.

Malgré les accusations perfides qui sont journellement lancées contre eux, il n'est aucun parti en France qui s'incline plus sincèrement devant elle ; mais ils la veulent sérieuse, vraie, libre, et c'est ce qui déchaîne contre eux la fureur de tous les autoritaires réunis, radicaux et bonapartistes.

Suivant leur doctrine, l'assemblée qui émane directement du peuple est souveraine, non pas souveraine absolue, mais souveraine constitutionnelle. Le dernier mot lui appartient, mais seulement après que ses propres idées ont été contrôlées, adoptées par une seconde assemblée composée de citoyens élus, offrant des garanties spéciales à la société. Cela explique pourquoi les parlementaires, les vrais libéraux n'admettent à aucun degré cette théorie républicaine qui prétend que : « si un pouvoir quelconque peut tenir un parlement en échec, la souveraineté nationale est violée. » A plus forte raison, rejettent-ils la doctrine plébiscitaire.

Ils proclament que la souveraineté du peuple,
pas plus que celle des princes, ne doit être despotique ; que si un parlement est souverain absolu,
une portion du peuple est fatalement opprimée
par l'autre, et ils en donnent pour preuve le cas
où la nation serait partagée en deux camps
presque égaux et où le vainqueur, dans des élections générales, ne triompherait que dans une très-
faible proportion. Si le parlement issu de cette
lutte douteuse était souverain absolu, la moitié
de la nation, pour ainsi dire, serait réduite au si-
lence, et obligée de se courber sous le joug oppres-
seur de l'autre moitié.

Les rouages de la Monarchie constitutionnelle
parent à cet immense péril, et le droit de dissolution que possède le Prince, aussi bien que le droit
de contrôle appartenant à la Seconde Chambre,
n'ont pas d'autre but que de protéger les minorités
importantes contre le despotisme du peuple, aussi
bien que contre celui des rois.

Un mot de réponse, en terminant, à cette objection que les républicains ne cessent de faire aux

partisans de la monarchie, et contre laquelle ils semblent croire qu'il n'y ait pas de réponse.

« Le principe de la souveraineté nationale, di-
« sent-ils, est incompatible avec celui de l'hérédité
« monarchique ; l'un exclut l'autre. L'essence
« même de la souveraineté nationale consiste en ce
« que la nation peut changer le lendemain ce
« qu'elle a établi la veille. L'essence de l'hérédité
« monarchique, au contraire, consiste en ce
« que le trône se perpétue dans une même
« famille. »

Cette objection sérieuse sous une monarchie de droit divin, n'est qu'une pure subtilité de langage sous une monarchie constitutionnelle.

Sous cette dernière en effet le roi règne, non-seulement en vertu du principe d'hérédité qui est écrit dans la Constitution, mais en vertu aussi de la volonté nationale ; et ce qui le prouve, c'est qu'il ne monte sur le trône qu'après avoir prêté serment à la Charte, à la charte votée par le pays et que celui-ci a toujours le droit de modifier par la voix de ses représentants, c'est-à-dire, par la sienne propre : car, sous la monarchie constitutionnelle, telle qu'un grand nombre de monarchistes la comprennent aujourd'hui , le pouvoir constituant appartient aux deux chambres réunies.

Les esprits qui se complaisent dans le domaine des utopies, poussent le principe jusque dans ses derniers retranchements, et se demandent ce qui arriverait le jour où le nombre de représentants nécessaire pour modifier la constitution se trouvant atteint, ceux-ci voudraient changer jusqu'à *la forme* même du gouvernement.

Mais une telle hypothèse est absolument inadmissible, même dans la discussion, parce qu'il est impossible qu'elle se réalise jamais.

Croit-on, de bonne foi, que le peuple français, avec son tempérament révolutionnaire, avec les emportements qui lui sont naturels, attende patiemment des élections générales pour changer dans le calme et la modération la forme de son gouvernement ? Croit-on qu'il puisse arriver jamais qu'il donne mission avouée ou même tacite aux deux tiers de ses élus, en supposant que ce soit là le nombre requis pour pouvoir changer légalement la Constitution, de remplacer par un autre chef, le chef actuel du pouvoir?

Une révolution légale en France! Mais, jamais pareille chose ne s'y est vue et ne s'y verra.

Croit-on, enfin, que si le peuple a envie de renverser la monarchie, ce sera un simple article de la Constitution où il sera dit que la couronne de France est héréditaire dans telle ou telle maison, qui l'en empêchera. Malheureusement non.

Sachons donc une bonne fois enfin sortir du domaine des utopies; que les mots et les phrases cessent d'exercer sur nous cette influence déplorable, que malheureusement ils ont eue trop souvent jusqu'ici!

La monarchie constitutionnelle nous apparaîtra alors comme le système de gouvernement qui permet au principe de la souveraineté populaire de recevoir l'application la plus large. Le roi y est peu de chose par lui-même. Devenu l'essieu autour duquel tourne la roue gouvernementale, il n'imprime aucun mouvement à la machine ; il sert uniquement à en assurer le fonctionnement. Dans la politique extérieure, d'où dépend la paix ou la guerre, comme dans la politique intérieure, d'où dépend la prospérité publique, la responsabilité ministérielle laisse toujours le dernier mot au parlement et par conséquent à la nation. L'hérédité monarchique, avec de semblables institutions, n'est nullement un obstacle à la véritable émanation de la souveraineté nationale ; elle en devient au contraire la sauvegarde, car elle la protége contre les intrigues et les convoitises des dictateurs.

Pour nous les plébiscites et la théorie de la souveraineté absolue des assemblées sont deux machines de guerre inventées uniquement en vue de favoriser le despotisme.

Les vrais amis de la liberté doivent donc les repousser également.

SECONDE PARTIE

Rôle du suffrage universel dans la formation
d'une seconde chambre.

CHAPITRE PREMIER

DE LA NÉCESSITÉ D'UNE SECONDE CHAMBRE.
SON NOM ET SON ROLE DANS L'ÉTAT.

La meilleure définition que nous ayons entendu donner du gouvernement représentatif est celle-ci : *C'est le miroir de la nation.*

Une société qui veut adopter ce régime doit donc, pour rester dans la vérité, consentir à être représentée absolument telle qu'elle est, et donner, autant que cela dépend d'elle, à toutes les nuances de l'opinion la possibilité d'avoir des organes au sein des assemblées issues directement du peuple lui-même. Mais alors il devient absolument nécessaire que les rouages gouvernementaux soient disposés de telle sorte que les utopies et les entraînements des uns soient contre-balancés par la sagesse et la modération des autres ; que l'esprit de réforme et l'esprit de conservation se combinent harmonieusement, et préservent également le pays du double péril des nouveautés décevantes et des résistances insensées. Enfin l'influence de ceux qui représentent les grandes bases sur lesquelles repose toute société, doit être d'autant plus assurée que la liberté devient elle-même plus large et partant plus périlleuse. C'est de cette pensée qu'est née la création de ce que l'on a appelé successivement la Chambre des Pairs et le Sénat.

Le Sénat, nous n'en parlerons pas : chacun sait que le Césarisme n'a jamais entendu faire de cette institution un véritable contrepoids, au sein d'un gouvernement qui n'avait rien de représentatif, pas même le nom, mais simplement un instrument docile pour modifier en temps et lieu certaines dispositions imprévoyantes d'une constitution que les empereurs avaient eux-mêmes donnée au pays. C'est ainsi par exemple que, sous le second Empire, un simple décret a suffi pour donner d'abord, puis pour retirer au Corps Législatif, le droit de répondre par une adresse au discours du trône.

La Chambre des pairs, sous la restauration comme sous la royauté de juillet, a eu un tout autre rôle. Sous ces deux monarchies vraiment constitutionnelles, la charte en avait fait une véritable force de gouvernement, un contrepoids réel, destiné à assurer le repos et l'indépendance de la royauté. La Chambre des députés, dans l'esprit de la charte, représentait l'élément novateur du pays, celle des pairs l'élément modérateur; et l'une par l'autre elles devaient produire un ensemble de législation à la fois sage et progressif.

D'où vient donc que les résultats qu'on était en droit d'attendre de cette combinaison gouvernementale ne se sont pas produits?

Cela tient à une raison surtout : c'est que la Chambre des pairs n'avait pas dans le pays le prestige de sa rivale. Ce manque de prestige résultait lui-même de plusieurs circonstances : d'abord de la façon dont avait lieu son recrutement ; en second lieu de la manière dont les ministres d'alors comprirent le rôle qu'elle devait jouer dans l'État, et les services qu'un gouvernement habile pouvait en tirer.

La charte, sous la Restauration comme sous la monarchie de juillet, laissait au roi le droit de choisir les pairs. Le peuple, ne pouvait donc pas considérer cette assemblée comme représentant ses idées, ses aspirations, ses intérêts. Il la regardait plutôt comme la chose de la royauté, comme la réunion choisie de ses satellites, et dès lors ses regards étaient uniquement fixés sur la Chambre des députés qui, seule, avait une influence réelle dans le pays. Nous verrons bientôt comment il convient de porter remède à ce grave inconvénient, et de quelle manière on peut arriver à faire considérer par la nation la seconde Chambre comme la représentant, sinon à l'égal de la première, du moins sous un autre aspect et dans un autre but, mais toujours pour son bien.

Les ministres auraient pu, par une habile politique, parer à ce désavantage marqué. Mais eux aussi ils semblaient ne pas croire à l'influence de la seconde Chambre sur l'opinion. Loin d'y chercher un point d'appui sérieux, ils se laissaient aller au courant général et souvent même ils luttaient contre elle. Ils comprenaient mal le rôle d'une seconde Assemblée sous la monarchie représentative, surtout dans un pays comme la France, toujours en ébullition, où toutes les idées nouvelles sont saisies, acceptées avec d'autant plus d'ardeur qu'elles sont plus étranges et plus insensées.

Ce n'est pas, on le sait, l'esprit de novation qui fera jamais défaut dans notre pays, et par conséquent dans la Chambre qui le représente plus directement. Nous avons bien plus besoin d'être contenus que d'être poussés en avant.

Qu'a donc à faire un gouvernement représentatif?

Il doit s'appuyer franchement sur ceux qui sont modérés par situation, par tempérament, et sans confondre la modération avec la routine, faire comme la tortue de la Fontaine,

Se presser lentement.

Il doit éviter à la fois d'imiter ce ministre du roi Louis-Philippe, devant lequel l'inventeur du télégraphe ne put trouver grâce, parce que c'était une invention nouvelle, et ce premier ministre de la reine Victoria qui entraîne, à cette heure, l'Angleterre vers les solutions radicales, avec plus d'empressement que le pays lui-même n'en met à le suivre.

Le moyen est simple pour atteindre ce but. Mais les monarchies représentatives, jusqu'ici, n'ont pas su en user. Lorsque sur une question les ministres redoutent les vivacités d'opinion, dont la Chambre des députés peut être le théâtre, il faut qu'ils y arrivent forts du vote de la seconde Chambre. L'introduction du suffrage universel direct dans notre législation électorale, a rendu aujourd'hui cette tactique parlementaire plus impérieuse encore que sous la Monarchie de juillet, ou la Restauration. Dans les questions épineuses, les ministres ont en effet des chances plus sérieuses de faire triompher leurs idées au sein de la seconde Chambre. Or, le succès est un grand maître ici-bas : l'opinion, dans le pays comme dans la chambre des députés, peut être sensiblement modifiée par le spectacle d'une première discussion ayant eu lieu publiquement, au sein d'une assemblée composée d'hommes illustres, et placée par ses lumières, par son expérience, au dessus des erreurs et des entraînements du jour. Un vote émis dans son sein, à une grande majorité, peut assurer la victoire au ministère et au chef du pouvoir, si surtout les membres de cette seconde Chambre sont, eux aussi, à un certain degré, les élus du pays, et qu'ils ne puissent plus être traités de courtisans ou de valets.

Si, au contraire, ces questions difficiles et irritantes sont soumises d'abord aux discussions et aux votes de la Chambre des députés, il ne faut plus guère espérer de modifier l'opinion ; et le gouvernement n'a plus qu'à céder ou à transiger.

Donc, pour rendre à ce rouage parlementaire qui s'appelle la seconde Chambre sa véritable force, il y a deux moyens : le premier, c'est d'enlever le choix de ses membres au pouvoir ; le second, c'est d'y faire discuter, en premier lieu, toutes les questions qui ont quelque chance de soulever des querelles violentes dans le sein du parlement.

Nous ne parlerons pas ici de certaines attributions particulières que l'on pourrait lui donner, et qui seraient propres à lui assurer un grand prestige, sous un gouvernement vraiment représentatif ; le cadre de ce livre ne comporte pas de si longs développements.

Disons toutefois qu'au point de vue des finances, cette seconde Chambre, qui est plus particulièrement appelée à représenter les grands intérêts de la propriété, doit avoir une part prédominante dans l'administration des deniers publics. De même, dans les questions d'enseignement, il semble que le concours, non-seulement de la majorité de ses membres mais d'un plus grand nombre, doive être exigé. Enfin certaines questions religieuses lui appartiennent aussi spécialement ; en un mot, toutes celles qui touchent aux bases mêmes de la société, les finances qui correspondent à la propriété, l'iustruction qui correspond à la famille, et les questions de croyances qui correspondent à la religion.

Tel est le rôle que doit jouer la seconde Chambre, non-seulement sous une monarchie *représentative*, mais encore sous une république qui voudrait durer, et qui se parerait du même titre.

C'est celui qu'elle joue aux États-Unis ; et l'on ne peut qu'engager vivement les démocrates français à se rendre un compte exact de la place occupée par le Sénat américain dans cette terre promise de la démocratie. Non-seulement il légifère de concert avec la chambre des députés, mais il participe à la puissance exécutive ; car le président de la République a besoin de son consentement pour diverses affaires, par exemple pour conclure les traités d'alliance et pour nommer les membres de la haute cour ; enfin, il juge seul les accusations portées contre les fonctionnaires publics.

En Angleterre, le rôle de la chambre des pairs est moins considérable; elle ne participe pas à la puissance exécutive, et surtout, son importance de fait est moins grande; aussi est-il très-rare qu'un désaccord s'étant produit entre elle et la Chambre des Communes, elle ne finisse pas par céder. Elle est obligée d'agir ainsi précisément pour la même raison qui enlevait à la pairie, sous la Restauration, une partie de son prestige; parce qu'elle est héréditaire, et qu'elle ne procède en rien de l'élection. Du reste, cette légère infériorité de la Chambre des pairs vis-à-vis la Chambre des communes n'offre pas chez nos voisins les mêmes dangers qu'elle offrirait en France. En Angleterre, la Chambre des communes ne peut pas être composée d'éléments révolutionnaires, parce que le suffrage des citoyens n'y est pas universel, qu'il est entouré de conditions de cens offrant à l'ordre une garantie certaine; parce que l'Angleterre est un pays aristocratique, et que l'aristocratie y tient encore une place considérable dans le respect des citoyens; parce que, surtout, le peuple professe pour la légalité une sorte de culte qui le porte à chercher, uniquement par des voies pacifiques, la réalisation de ses désirs. Dans ces conditions, le contrepoids à l'expression des volontés du peuple Anglais, dont la Chambre des Communes est l'organe, n'a plus besoin d'être aussi puissant; car la force qu'il est appelé lui-même à contrebalancer est moins redoutable.

En France, le rôle de la seconde Chambre, doit plutôt ressembler à celui du Sénat en Amérique, qu'à celui de la Chambre des pairs en Angleterre.

Comme l'Amérique, nous sommes une démocratie; comme l'Amérique nous sommes sous la domination du suffrage universel; plus que l'Amérique, nous sommes en proie à toutes les passions démagogiques souvent les plus violentes et les plus basses. Ces passions, sous le régime du suffrage universel absolu et direct, devant nécessairement avoir de nombreux organes au sein de la première Chambre, il est nécessaire que nous donnions une puissance d'autant plus considérable à la seconde Chambre, qui est appelée à la modérer; non pas qu'il faille, comme aux États-Unis, lui conférer une part du pouvoir exécutif. M. le duc de Broglie l'a fait très-justement remarquer[1] :

« Pour poser un pareil principe dans la cons-
« titution de son pays, il fait bon n'avoir pas de
« voisins; il fait bon n'être vulnérable sur aucun
« point de son territoire ; il fait bon ne courir
« aucun risque d'aucune espèce et n'avoir jamais
« de parti à prendre dans les circonstances dif-
« ficiles. »

Il est clair que si, en France, avant de conclure la moindre convention diplomatique ou d'entamer une négociation quelconque, le chef du pouvoir était obligé d'en référer à la seconde Chambre et d'y provoquer une discussion, il vaudrait mieux déclarer immédiatement à l'Europe que nous n'entendons plus avoir de relations d'aucune sorte avec les nations nos voisines. Les États-Unis

1. *Vues sur le gouvernement de la France*, par M. le duc de Broglie.

sont les maîtres à peu près uniques de leur continent. Nous, au contraire, nous avons des points de contact avec un grand nombre d'Etats très-puissants, très-prompts à saisir les moindres occasions de tirer profit des fautes de notre politique. Nous ne pouvons donc à aucun prix, à moins d'être insensés, venir leur raconter longtemps à l'avance, dans des discussions publiques, les moyens que nous allons employer pour obtenir leur concours, et gagner leurs bonnes grâces.

Il y a une manière plus pratique d'augmenter en France l'importance de la seconde Chambre.

Au point de vue législatif, par exemple, pourquoi ne pas la mettre sur un pied complet d'égalité avec la première ?

En certains cas même, pourquoi ne pas lui donner une influence prépondérante ?

Lorsqu'il s'agit de questions constitutionnelles ou de questions d'impôt, pourquoi n'exigerait-on pas l'assentiment des deux tiers de ses membres ? Dans ces graves matières la nation ne saurait s'entourer de trop de lumières.

Un second point fort important, plus important peut-être qu'on ne le suppose en général pour arriver à donner à la seconde Chambre un vrai prestige, c'est qu'elle porte un nom qui ne prête point au ridicule, et qui surtout ne rappelle pas à la nation de fâcheux souvenirs. L'influence des mots est considérable dans un pays comme la France. Pour n'en citer qu'un exemple, dites à des paysans; « Un tel est noble. » Immédiatement l'idée de féodalité, de dîme, de corvées se présente à leur esprit, bien qu'il y ait tantôt un siècle que les priviléges sont abolis. Il en serait de même pour la seconde Chambre. Si on lui donnait le titre de Chambre des pairs ou de Sénat; le mot de Pairie rappellerait infailliblement l'idée d'hérédité et de noblesse, comme celui de Sénat l'idée de vénalité et d'Empire.

Il faut donc nécessairement la parer d'un autre nom.

Peut-être pourrait-on l'appeler simplement : la *seconde Chambre*. On éviterait ainsi d'évoquer des souvenirs qui, rapprochés de l'institution elle-même, la dénatureraient dans l'esprit du public. Mais ce système de numéros pour désigner les grands pouvoirs de l'État serait peu digne.

Pourquoi ne pas l'appeler plutôt *Chambre des départements*, par opposition à la première Chambre qui prendrait le nom de *Chambre des communes* ?

Chambre des départements : cette dénomination paraîtra toute naturelle, lorsque nous aurons indiqué la source d'où doit émaner cette Assemblée.

CHAPITRE II

LA SECONDE CHAMBRE DOIT PROCÉDER DE L'ÉLEC-
TION. — LES CONSEILS GÉNÉRAUX ET LES CORPS
CONSTITUÉS SONT SES ÉLECTEURS NATURELS.

La seconde Chambre, dans un pays de suffrage universel, ne peut procéder ni de l'hérédité,
ni encore moins du libre choix du chef de l'État.

Elle doit procéder de l'élection.

Nommée par le chef de l'État, elle est condam-
née, par le fait même de son origine, à n'avoir,
ni assez d'autorité vis-à-vis du pays, ni assez
d'indépendance vis-à-vis du pouvoir, pour remplir utilement son rôle modérateur à l'égard de la
Chambre des députés. Une Chambre ainsi cons-
tituée, nous en avons eu la preuve sous l'Em-

pire, devient forcément un instrument servile, sans la moindre liberté et sans aucun prestige dans le pays ; son impuissance est si universellement reconnue qu'aux jours des révolutions, les émeutiers qui attentent à la souveraineté nationale, ne se donnent même pas la peine d'envahir le siége de ses délibérations [1].

L'hérédité certes est préférable à la nomination à vie ; elle offre des garanties d'indépendance dont la Restauration a été le témoin. La Chambre des Pairs fut alors le théâtre de grandes et libres discussions. Mais l'hérédité de la seconde Chambre est une institution essentiellement aristocratique, et nous avons fait de trop grands pas dans la voie de la démocratie, pour que l'on puisse songer à y revenir jamais. Du reste, il faut le reconnaître, l'hérédité de la pairie, à côté de grands

---

[1]. Le Sénat Impérial, le 4 septembre, délibérait dans le calme le plus profond, lorsqu'il apprit l'invasion du Corps législatif. Nul n'avait songé à lui. Il se sépara sans la moindre violence de la part de la foule, et sans avoir lui-même protesté contre le renversement de l'Empire ni contre le sien propre.

avantages, offre certains inconvénients. Il n'est pas rare, en Angleterre par exemple, de voir à côté de nobles pairs de mœurs austères et de talents incontestés, d'autres pairs de mœurs dissolues, dissipateurs, n'ayant aucun souci des affaires publiques, et, par conséquent, discréditant à la fois et la classe à laquelle ils appartiennent et l'Assemblée dont ils font partie. Il faut la force des institutions dont ce pays est doté, le respect des vieilles traditions dont il est animé, pour que l'opinion publique n'ait pas encore réclamé contre les abus inévitables de la pairie héréditaire.

L'hérédité de la Pairie d'ailleurs n'exclut point pour le pouvoir, la faculté de créer de nouveaux pairs. On est donc toujours en droit de redouter qu'il ne cherche à contrebalancer l'indépendance naturelle des premiers par la nomination de favoris tout dévoués à ses vues.

Il n'existe qu'une seule source à laquelle on doive puiser pour trouver les éléments d'une seconde Chambre respectée et considérée par le peuple comme étant sa véritable représentation ; c'est l'élection, c'est le suffrage.

« Depuis la Constitution de l'an VIII, écrit
« M. Laboulaye, toutes les fois qu'on a voulu
« établir un Sénat ou une Chambre haute, on a
« fait fausse route ; il y a eu toujours contradiction
« entre l'idée du législateur et les moyens qu'il a
« employés. Pour que le pouvoir législatif n'eût
« point une influence excessive, tantôt, comme
« en 1814, on a créé une chambre héréditaire ;
« tantôt, comme en 1830 et en 1852, on a remis
« au chef de l'état la nomination de la Chambre
« haute ; il n'y a eu d'électif que la Chambre des
« députés. Si le législateur avait voulu donner à
« ce dernier corps une prépondérance irrésistible,
« je le demande, qu'aurait-il pu inventer de mieux
« que de faire des députés les seuls mandataires,
« et par conséquent les seuls représentants de la
« nation ? Qu'on lise au contraire notre histoire
« parlementaire depuis cinquante ans, on verra
« que ce qui a toujours fait la force, et quelque-
« fois le danger de la chambre des députés, c'est

« qu'elle seule parlait au nom du pays ; et elle
« le savait.[1] »

Oui, il faut que le peuple contribue à nommer
aussi la seconde Chambre ; et même nous croyons
que, pour braver toute attaque et éviter toute
impopularité, il serait nécessaire que dans cette
élection, comme dans celle de la première
Chambre, l'électeur ne fût astreint à aucune condition de cens. S'il en était autrement, toute la
catégorie de citoyens, que leur fortune n'appelle-
rait point à participer au vote, ne se considére-
rait pas comme représentée par les élus de la
seconde Chambre, et professerait pour elle un
dédain qui, tôt ou tard, finirait par la discréditer
dans l'opinion.

Que notre société démocratique pousse à ce degré les sentiments d'envie et de jalousie, c'est un
fait que personne ne peut nier, et contre lequel,
malheureusement, il n'y a aucun remède. En
le signalant, je n'incrimine pas mon pays,

1. M. Laboulaye. *Le parti Libéral*, 2ᵉ partie, ch. xiv.

mais je constate ses faiblesses et ses misères. Une des principales raisons, ne l'oublions pas, qui ont perdu la monarchie de juillet, c'est qu'elle gouvernait avec un pays légal, c'est qu'une classe de citoyens dominait et excitait la jalousie des autres.

Le suffrage à deux degrés employé pour la formation de la seconde Chambre n'offrirait pas de semblables dangers. Contre lui, en effet, il n'y a aucune objection démocratique à faire valoir.

Toutefois, comme la nomination des membres de la seconde Chambre doit être entourée de grandes précautions, non-seulement en ce qui concerne l'élu, mais aussi en ce qui concerne l'électeur; comme en outre, le mode d'élection pour la formation des deux chambres doit différer, puisque la mission de leurs membres est elle-même différente, il est difficile d'admettre que le peuple nomme des électeurs spéciaux qui nommeraient les membres de la seconde Chambre.

Les citoyens siégeant dans cette assemblée doivent y représenter particulièrement les intérêts du sol et de la propriété. Ils sont appelés à jouer dans l'État le rôle que les plus imposés jouent dans une commune rurale, vis-à-vis du conseil municipal, quand il s'agit de prendre une décision importante : ils interviennent pour modérer les velléités ardentes de la première Chambre. Celle-ci représente les intérêts du jour. Eux, au contraire, sont les gardiens des intérêts permanents de la société ; ils ne doivent donc pas émaner d'une source absolument identique.

Cette nécessité de donner aux membres de la seconde Chambre le baptême du peuple, tout en faisant d'eux, d'une manière plus spéciale, les représentants des grands intérêts ruraux et sociaux, trouve sa réalisation dans le choix des conseils généraux devenant les électeurs de cette importante assemblée.

Ces conseils départementaux ne peuvent être récusés par qui que ce soit, puisqu'ils procèdent directement du suffrage universel. Ils ne sont pas et ils ne seront jamais, du moins dans leur ensemble, élus en vue d'un but purement politique ;

l'intérêt départemental primera toujours, dans leur élection, tout autre intérêt. Au point de vue démocratique, comme au point de vue des idées qu'ils représentent, ils réunissent donc toutes les qualités voulues pour être la source d'une seconde Chambre.

En présence desquelques éléments radicaux qui, lors des dernières élections, se sont introduits au sein des conseils généraux, certaines personnes s'effrayent et entrevoient le jour où ce qui est aujourd'hui l'exception deviendrait la règle générale.

Ce sont là des craintes exagérées. De toutes les assemblées issues du suffrage universel, les conseils généraux sont certainement celles qui sont le plus assurées de ne point provoquer, en des temps ordinaires surtout, de luttes politiques, grâce aux intérêts spéciaux qu'ils représentent.

Les élections du 8 octobre 1871, dont les résultats semblent si effrayants à certains esprits timorés, sont précisément l'exemple le plus frappant de cette vérité. Certes les passions étaient alors surexcitées au plus haut degré. Sous prétexte

de république, aucun moyen n'avait été négligé
pour jeter les électeurs dans les bras de la Révolution. Or qu'est-il arrivé? Sur dix-huit cent cinquante cantons, si l'on doit se fier aux chiffres of-
ficiels, 201 seulement se sont affirmés en faveur
des radicaux, tandis que les diverses opinions conservatrices réunies ont triomphé dans 1649 [1].

Si les conseils généraux, qui représentent exclusivement les intérêts locaux, et qui, vu la restriction des cantons, sont nommés, dans les conditions les plus favorables à la sincérité et à la
lumière du vote, ne sont pas conservateurs et
cessent d'offrir des garanties à la société, alors
il faut renoncer absolument au suffrage universel
et désespérer de la France.

Mais nous ne pouvons croire à ce danger, ni
désespérer ainsi de notre pays ; et nous sommes
heureux de placer notre opinion sous l'autorité
d'un homme dont on ne saurait mettre en doute
ni la sagesse ni l'expérience. Or voici co que dit
M. Raudot :

1. *Journal officiel* du 13 octobre 1871.

« Pour former l'une des Chambres, celle des
« départements, qu'on donne à chaque conseil
« général le droit de choisir le député ou les dé-
« putés du département, et l'on aura infaillible-
« ment une assemblée admirablement composée.
« Dans un corps aussi important que le Conseil
« général, où l'on traite et où l'on traiterait de
« plus en plus des affaires multipliées, variées, et
« de la plus haute gravité ; où il y aura toujours
« des hommes d'expérience, de capacité, d'ins-
« truction, l'amour-propre du corps, qui aura eu
« cent fois l'occasion d'apprécier les candidats,
« ne permettra jamais qu'il choisisse un sot pour
« son député.

« Nommera-t-il un homme taré ?

« Un corps extrêmement nombreux d'électeurs,
« et par cela même sans responsabilité, un corps
« ignorant des hommes et des choses ou pas-
« sionné, peut le faire ; mais un corps restreint,
« dont les membres n'échappent pas à la respon-
« sabilité de leurs actes, ne peut pas et ne voudra
« pas le faire ; ce corps voterait sa propre humi-

« liation. Celui qu’on nommera sera presque tou-
« jours une des lumières du Conseil, un homme
« entouré de la considération publique[1] ».

Ce système, du reste, n’est que l’application
de la théorie américaine. Aux États-Unis, le Sénat
ne représente nullement, comme cela a lieu en
Belgique, l’individualité des citoyens, mais uniquement l’individualité des États; et cela est si
vrai que chacun d’eux y est mis sur le pied de
l’égalité, quelles que soient sa population et son
importance; c’est la législature de chaque État,
et non pas le suffrage universel, qui nomme les
sénateurs.

En France, nous devons agir de même.

Si nous admettons comme point de départ que
la seconde Chambre doive représenter non des individus, mais des intérêts et de grands principes, il devient nécessaire que le chiffre de la population d’un département ne puisse pas venir
modifier le nombre des députés que chaque conseil général aurait à élire.

1. M. Raudot : *De la grandeur possible de la France*, ch. X.

Le nombre des députés à la seconde Chambre ne devrait pas, selon nous, dépasser deux cents. Les conseils généraux en nommeraient 172, soit deux par département, et les corps constitués 24 environ.

Ce chiffre est à la fois suffisant, en lui-même, et proportionné à celui des membres de la première Chambre.

Il est suffisant : car la seconde Chambre doit être composée uniquement de ce que la France possède de plus intelligent et de plus sage, de toutes les vraies et durables illustrations du pays. Trouver deux cents individus, offrant toutes les conditions d'honorabilité et d'esprit réunies est chose fort difficile en tout pays ; en trouver un plus grand nombre, serait peut-être impossible. Si, pour vouloir donner satisfaction à des ambitions souvent mesquines, on élevait ce chiffre, on risquerait d'enlever à cette assemblée, par des choix médiocres, une part du prestige et de l'éclat qui lui sont indispensables.

D'ailleurs, la seconde Chambre doit être essen-

tiellement modérée dans l'expression de ses opinions, afin de servir, sous ce rapport, d'exemple à
la Chambre des députés. Il faut donc en bannir
autant que possible les discussions passionnées.
Or une des causes principales de désordre et
de passion dans les assemblées, c'est le nombre.
Le tumulte remplace presque toujours dans les
parlements trop nombreux la dignité attentive
et consciencieuse.

Le chiffre de deux cents est, en outre, proportionné à celui des membres de la première
Chambre. En effet c'est une proportion de deux
et demi contre un ; c'est-à-dire que la Chambre
des Députés compterait un peu plus du double
des membres de la Chambre des Départements.
Ce chiffre est très-supérieur à celui des États-Unis;
en Amérique la Chambre des députés a 237 membres, tandis que le Sénat n'en compte que 62 ;
c'est-à-dire une proportion de 4 contre un.

Nous avons dit, qu'en outre des 172 membres

nommés par les conseils généraux il serait bon de compléter la Chambre des départements, par 24 délégués des grands corps constitués. Voici, ce qui justifie leur introduction au sein de cette grande assemblée et comment on pourrait atteindre le but.

Les conseils généraux, qui doivent être la base de l'élection dans la formation de la Chambre des Départements, ne représentent, à proprement parler que deux grands intérêts, la propriété et la famille. Mais cela ne suffit pas : il est d'autres intérêts qui importent, eux aussi, immensément à la prospérité d'un pays, et qui doivent, pour l'honneur de la France, avoir une représentation spéciale dans le sein de sa seconde Chambre.

Ils se divisent en quatre grandes catégories.

Les intérêts religieux, qui ont pour organe le clergé.

Les intérêts juridiques, représentés par la magistrature.

Les intérêts commerciaux et industriels, ayant à leur tête les chambres de commerce.

Les intérêts artistiques et moraux enfin, que représentent plus particulièrement les diverses branches de l'Institut.

De quelle utilité la présence de délégués de ces diverses corporations ne sera-t-elle pas dans une grande assemblée? c'est eux, surtout, qui lui donneront le prestige, le relief, l'éclat, qui attireront sur elle les regards et le respect de la nation.

Pareille idée a été exprimée déjà par plusieurs publicistes[1]; mais tous n'en comprennent pas l'application de la même façon. Les uns veulent que certaines situations, telles que le titre de cardinal de l'église ou de maréchal de France, entraînent avec elles, pour ceux qui en sont investis, le droit de siéger à la Chambre des Départements. D'autres, et nous sommes de ce nombre, pensent que ces grandes corporations qui s'appellent le clergé, la magistrature, les chambres de commerce et l'Institut, ont tout avantage à procéder, par voie d'élection, pour être représentées au sein

1. Prévost-Paradol : *La France nouvelle.* — Marquis de Biencourt : *Les minorités et le Sénat.*

de la seconde Chambre. L'élection sera pour elles la vie ; elle sera une cause de rapprochement, une participation directe aux affaires publiques, une association aux grandes choses de la politique. L'opinion de ces grandes corporations, ainsi exprimée publiquement sera, en outre, pour un grand nombre de citoyens, un guide très-utile, à moins qu'elles oublient, ce que nous ne croirons jamais malgré certains faits récents, l'exemple qu'elles doivent au reste de la France.

Néanmoins, tout en les associant à la nomination de la seconde Chambre, il est nécessaire de réduire, même dans leur sein, le nombre des électeurs ; car il serait, dans certains cas, si considérable que le but un peu exclusif de notre système serait complétement dépassé. Le clergé séculier, par exemple, se chiffre par 35 ou 40,000 membres environ. Serait-il bon de les faire participer tous à l'élection de leurs délégués ? Nous ne le pensons pas. Il convient dès lors de prendre, dans chaque corporation, son élite.

Seraient électeurs :

1° Dans la magistrature : les membres de la cour de cassation et les présidents des cours d'appel seulement. [1]

2° Dans les chambres de commerce : les présidents et vice-présidents de ces chambres [2].

3° Dans le clergé : les évêques, les archevêques et les cardinaux [3].

4° Dans l'Institut : tous ses membres.

Cette exception, pour l'Institut, se justifie par plusieurs motifs : d'abord, la plupart des hommes qui ont l'honneur d'en faire partie vivent à Paris, se réunissent souvent et régulièrement; en second lieu, ne sont-ils pas tous déjà le produit d'une élection ?

Nous donnons indistinctement à tous ces corps constitués, une part égale, quant au nombre de

---

1. La Cour de cassation se compose : d'un premier président, de trois présidents de chambre et de quarante-cinq conseillers. Il y a en outre vingt-sept cours d'appel. Total des électeurs représentant la magistrature : 76.

2. Total des présidents et vice-présidents des tribunaux de commerce : 94.

3. Total des évêques en France : 87.

leurs députés. Chacun d'eux en effet, est la représentation d'intérêts très-considérables, au point
de vue de la grandeur du pays, et dont l'importance est la même, lorsqu'on les compare. Or,
on ne saurait trop le répéter : c'est surtout des
intérêts sociaux et moraux, bien plus que des
individus, que la seconde Chambre doit être
l'image.

Ainsi composée, elle offrira à la société les
garanties de modération, de prudence, de goût
et de science les plus complètes que l'on puisse
désirer, et que jamais assemblée française ait
réunies.

CHAPITRE TROISIÈME.

CONDITIONS REQUISES POUR ÊTRE ÉLIGIBLE A LA
CHAMBRE DES DÉPARTEMENTS.
SA RÉSIDENCE ET SON RENOUVELLEMENT.

I. Après avoir examiné par qui doit être élue la Chambre des départements, voyons à quelles conditions un citoyen devra avoir satisfait pour y être éligible.

Il ne s'agit pas ici, bien entendu, des grands corps de l'État admis à prendre part à sa formation, puisqu'ils recrutent leurs représentants dans leur propre sein, et qu'il suffit de faire partie de la corporation pour y être éligible. Il s'agit uniquement des choix que les conseils généraux sont appelés à faire.

La seconde chambre doit renfermer les illustrations du pays ; elle doit, en outre, offrir des garanties absolues pour la propriété, qu'elle est plus particulièrement destinée à représenter. De là deux catégories de citoyens, surtout, appelés à la composer :

Ceux qui ont rendu d'éminents services au pays dans le courant de leur vie :

Ceux qui possèdent une fortune immobilière considérable.

Par quelle méthode arrivera-t-on à les connaître ?

Le moyen est fort simple : chaque année il serait dressé dans le département, par les soins du préfet, assisté de la commission départementale, une liste sur laquelle seraient portés tous ceux qui auraient rempli les conditions d'éligibilité requises par la loi.

Elle comprendrait :

1° Tous les propriétaires inscrits dans le département au rôle d'une ou de plusieurs des quatre contributions directes, pour une somme de 4,000 francs au moins.

2° Tous les officiers généraux nés dans le

département, depuis le grade de général de division.

3° Tous les individus résidant dans le département qui, dans le cours de leur vie, ont fait partie des assemblées françaises, occupé le poste de ministre, ou représenté la France auprès d'une puissance étrangère;

4° Tous les anciens magistrats résidant dans le département, qui ont occupé une situation inamovible dans une cour d'appel ou souveraine.

Examinons l'une après l'autre ces diverses catégories :

En tête de la liste, sont inscrits ceux qui paient 4,000 fr. de contributions directes.

C'est là une somme considérable qui suppose 25,000 francs de rente environ. La conscience des puritains de la démocratie se révoltera sans doute à la vue de cette exigence ; mais, autant leurs réclamations seraient justes s'il s'agissait des éligibles à la première Chambre, de ceux qui réprésentent plus particulièrement le peuple, c'est-à-dire l'universalité des citoyens, riches ou pauvres; autant elles sont peu fondées lorsqu'il s'agit des éligibles à la Chambre des départements.

On objecte que, dans aucun pays, le cens électoral n'est aussi élevé[1]. En réalité, rien n'est moins exact. Est-ce qu'en Prusse, est-ce qu'en Angleterre, la Chambre des Seigneurs et la Chambre des Pairs ne sont pas exclusivement composées de l'aristocratie? Et qu'est-ce que l'aristocratie, si ce n'est la réunion de tous les grands propriétaires fonciers, de ceux, en un mot, qui payent à l'Etat, sous diverses formes, la plus grande somme d'impôts? En France, l'aristocratie ne forme plus une classe à part; mais la propriété n'en a pas moins besoin de protection, et si cette protection ne doit plus résulter du titre que porte un citoyen, elle doit nécessairement avoir pour base l'inscription de ce citoyen au rôle des impôts directs.

1. En Belgique, le sénateur n'est tenu de payer que mille florins de contributions directes, patentes comprises ; soit 2,116 fr environ.

Ce cens élevé de 4,000 fr., objecte-t-on encore, excluera de la chambre des départements un grand nombre de citoyens dont la présence pourrait y être fort utile. La vérité est que, s'il est sérieusement désirable qu'ils apportent, dans ce haut parlement, le poids de leurs lumières et de leur expérience, bien que leur fortune ne leur permette pas d'en faire partie, ils pourront y entrer comme appartenant à ces illustrations départementales dont nous allons parler. Les demi-célébrités ne bénéficieront pas, il est vrai, de cette possibilité ; mais c'est un inconvénient forcé auquel il est impossible de remédier ; car on ne peut pas à la fois protéger la propriété, et ne pas tenir compte du taux de la fortune du propriétaire ; ce serait vouloir unir le jour et la nuit, ce qui ne s'est point encore vu. D'ailleurs, les fortunes immobilières payant au fisc 4,000 francs de contributions directes sont plus répandues qu'on n'est porté à le supposer, et il y en a suffisamment pour que plus d'un conseil général soit encore embarrassé dans ses choix.

Viendrait ensuite la nomenclature de toutes les illustrations du département : illustrations militaires, illustrations parlementaires, diplomatiques et judiciaires.

Aucune condition de cens ne paraît devoir être exigée d'elles ; il ne s'agit plus ici, en effet, de donner à la propriété des représentants spéciaux ; il s'agit uniquement de se servir des lumières d'hommes qui ont acquis, dans des situations élevées, expérience et autorité. On ne peut leur demander qu'une chose : c'est d'avoir un lien spécial avec le département qui les nomme, tel que la naissance ou la résidence.

En premier lieu, nous plaçons les illustrations militaires.

Nul ne conteste la nécessité que de grands noms ayant appartenu à l'armée fassent partie de la seconde Chambre : ils lui donneront, plus qu'aucun autre, l'éclat dont elle a besoin, et, dans les questions si importantes relatives à la réorganisation de nos troupes, leur opinion sera d'un grand poids. Toutefois, on est en droit de se poser cette question : les officiers en activité de service peuvent-ils être appelés à faire partie de la seconde Chambre sans inconvénient pour la discipline militaire ? C'est là un point fort contesté. Si le choix des électeurs était illimité, si le premier caporal venu pouvait, suivant leur bon plaisir, devenir représentant, le doute ne serait plus possible, et il est certain qu'à un moment donné, la hiérarchie en souffrirait nécessairement. Mais, dans l'hypothèse où nous nous plaçons, les mêmes inconvénients ne sont pas à redouter. Les conseillers généraux sont des électeurs trop sages, trop perspicaces pour ne pas user du droit qui leur sera conféré avec tout le discernement nécessaire ; et du reste, l'éligibilité des officiers devant s'arrêter au grade de général de division, les compétitions nombreuses, pas plus que les conflits de grades et d'attributions, ne sont à craindre.

En second lieu, viennent les illustrations parlementaires, diplomatiques et judiciaires. Nous qualifions ainsi les hommes qui ont occupé certaines charges ou certains postes, dans le cours de leur vie et sur le choix desquels, en conséquence, il ne peut y avoir de doute. Leur admission sur la liste départementale ne soulève aucune difficulté. Appelés pendant le cours de leur vie à manier les affaires publiques les plus importantes, ils offrent une pépinière toute naturelle à la formation de la seconde Chambre. Néanmoins, en ce qui concerne la magistrature, ce grand corps de l'État est si nombreux, qu'il est nécessaire de réduire beaucoup le nombre de ceux qui seraient éligibles. L'inamovibilité dans une cour d'appel ou souveraine nous paraît devoir être la limite.

Restent à fixer les cas d'incapacités et l'âge auquel commencera l'éligibilité.

Les incapacités doivent être identiquement les mêmes pour la Chambre des départements que pour la Chambre des députés. Il n'y a pas plus de raisons, en effet, pour qu'un ancien ministre, s'il a été condamné pour vol, soit éligible à la seconde Chambre, qu'il n'y en a pour qu'un simple citoyen qui a subi la même condamnation, soit éligible à la première.

Quant au nombre d'années requis pour l'éligibilité, celui de trente ans semble donner pleine satisfaction à tous les intérêts. A 30 ans, l'homme atteint un degré de maturité sinon complet, du moins très-suffisant : il n'a pas encore perdu la vigueur de la jeunesse, et cependant il a déjà beaucoup vu, et il faut l'espérer, beaucoup appris; en un mot, il est dans toute la force et la maturité de son esprit.

C'est l'âge requis aux États-Unis pour faire partie du Sénat ; en Angleterre, dès 21 ans, un pair peut siéger ; en Belgique, il faut avoir 40 ans pour être sénateur. Trente ans est donc un âge moyen qui permettra d'unir, dans le sein de la seconde Chambre, les éléments jeunes et ardents aux éléments plus mûrs et plus modérés.

Composées dans de telles conditions, les listes

départementales réunies contiendraient l'élite des citoyens en France. Puis les conseillers généraux choisiraient sur ces listes, les plus dignes, les plus illustres, les plus éclairés. Comment douter alors que ce relief, si nécessaire à la seconde Chambre pour qu'elle devienne une véritable force de gouvernement, puisse jamais lui faire défaut ?

II. Il y aurait, du reste, un autre moyen d'ajouter encore à l'influence de la Chambre des départements. Nous ne ferons que l'Indiquer ; car il est subordonné à une foule de circonstances diverses qui, d'un moment à l'autre, peuvent lui enlever sa valeur. Ce serait, dans le cas où la Chambre des députés continuerait à siéger en dehors de la capitale, d'installer la Chambre des départements à Paris.

Il résulterait, de ce fait, deux conséquences d'une grande importance : la presse parisienne s'attacherait, d'une façon particulière, à faire connaître au pays les actes de cette assemblée ; car on s'occupe plus volontiers de ce qui est près que de ce qui est loin ; et la Chambre des départements, placée dans un milieu intellectuel beaucoup plus vivace, beaucoup plus élevé que la Chambre des députés, deviendrait alors le premier point de mire de la France.

Certes, ce n'est pas ici le lieu de traiter la question de la résidence des assemblées ; mais, puisque l'opinion publique semble divisée sur ce point, il est permis de prévoir le cas où l'Assemblée nationale déciderait que la résidence de la Chambre des députés sera désormais Versailles, et dès lors de se demander si la seconde Chambre devra suivre la première dans ses pérégrinations en province.

III. Il nous reste à examiner quel est le mode de renouvellement applicable à la Chambre des départements.

Dans la première partie de ce livre, nous pla-

çant au point de vue de la Chambre des députés
nous avons défendu la thèse du renouvellement
intégral. Est-il applicable également à la Chambre
des départements? Nous ne le pensons pas.

Le jeu même des institutions représentatives
s'y oppose. La seconde Chambre, étant appelée à
tempérer la première, doit, si on peut s'exprimer
de la sorte, vivre moins vite. Dans une machine,
la partie du rouage la plus rapprochée du pivot
autour duquel elle tourne marche plus lentement
que les extrémités, et cependant le rouage tout
entier participe au même mouvement; de même
la seconde Chambre, qui est plus près du pivot
gouvernemental, doit avancer moins vite que la
Chambre des députés, qui en est l'extrémité; et
cependant le tout doit concourir au même but.
En conséquence, autant il est nécessaire que la
Chambre des départements, ne soit pas composée
de députés nommés à vie, afin qu'en se renouve-
lant, elle puisse participer au mouvement de l'opinion, autant il est important de l'aider à acquérir
par le renouvellement partiel, ces conditions de

modération et de prudence, sans lesquelles, elle n'atteindrait pas le but pour lequel elle a été inventée.

Ce renouvellement aurait lieu tous les trois ans, la durée des législatures pour chaque député devant être de neuf ans au moins. Ce laps de temps, entre toute élection nouvelle, permettrait d'éviter les dangers d'un renouvellement fractionnaire annuel. Le pays n'aurait plus à redouter la perturbation et le malaise général qui résultent d'élections sans cesse renouvelées. L'agitation que cause parmi les membres d'une assemblée délibérante l'introduction d'éléments nouveaux, serait évitée, elle aussi; car le nombre des électeurs serait fort restreint, et ils seraient pris, comme nous l'avons dit, dans les rangs les plus pacifiques et les plus conservateurs. Il n'est pas jusqu'à la versatilité que produisent infailliblement dans le sein d'un gouvernement, ces modifications incessantes, qui ne disparaîtraient, parce que des conseillers généraux sont beaucoup moins susceptibles que les électeurs ordinaires de se laisser influencer subitement par des faits extérieurs, souvent insignifiants, et surtout, parce qu'un renouvellement qui ne vient modifier les idées d'un parlement que tous les trois ans seulement, donne au ministère le temps d'adopter une ligne politique, et de la suivre.

Si cependant le législateur trouvait les époques des renouvellements encore trop rapprochées, on pourrait, sans danger aucun, et même peut-être avec avantage, les reculer d'une année : le renouvellement par tiers aurait lieu tous les quatre ans seulement. Mais c'est là une condition qui doit dépendre de la durée que la constitution assignera à la première Chambre.

Ajoutons comme corollaire à la mesure que nous venons d'indiquer, que les élections de la Chambre des départements devant avoir une très-grande influence sur la marche des affaires publiques, il est nécessaire que les conseils généraux y procèdent avec toute la maturité voulue : elles doivent être préparées avec un soin particulier ; aussi, l'intervalle entre la promulgation du décret, qui fixe le jour du vote, et le vote lui-même, doit être de trente jours au moins. Il faut que les conseillers généraux, que les corps constitués appelés à prendre part à ces élections importantes aient pu se voir et s'entendre. Il faut que la presse ait eu le temps d'instruire le public des mérites et des talents de tel ou tel candidat.

Autant, lorsqu'il s'agit d'élections générales à la Chambre des députés, il y a inconvénient à prolonger outre mesure la période électorale ; autant, lorsqu'il s'agit d'élections pour la seconde Chambre, il y a avantage à ne pas trop la restreindre.

Les conditions dans lesquelles se fait l'élection sont en effet très-différentes : ici, ce sont des hommes offrant toutes les garanties, instruits, pouvant et devant avoir une opinion, ayant un intérêt considérable à l'ordre qu'ils sont appelés à maintenir ; là, au contraire, ce sont des citoyens, les uns ignorants, crédules, et se laissant endoctriner avec une inconcevable naïveté par le premier venu, les autres ayant quelquefois intérêt à la discorde et aux bouleversements. Dans le premier cas, le résultat ne pourra qu'être excellent, et plus l'examen des candidats sera sérieux, plus il y aura de chances pour que le choix des éleceurs soit bon. Dans le second, il sera nécessairement mauvais. L'expérience démontre lorsqu'il s'agit du suffrage universel direct, que plus la discussion se prolonge, plus l'agitation augmente, et moins la lumière se fait.

CHAPITRE QUATRIÈME.

Le lecteur qui nous a suivi à travers ces pages, connaît le but que nous poursuivons, et les moyens que nous proposons pour y arriver.

A lui de juger si nous nous sommes trompé.

Plus d'une fois, sans doute, nous avons combattu des idées qui lui sont chères, dissipé des rêves qu'il aimait à caresser. Qu'il nous pardonne, en songeant qu'une seule pensée nous a dominé, celle de l'affranchissement moral de la France. Laissant de côté tout esprit de parti, nous nous sommes placé uniquement au point de vue d'une sage liberté appliquée chez une nation démocratique. Partout où le suffrage universel pouvait devenir un obstacle à son épanouissement, nous l'avons modifié; car, on ne réhabilitera la France, on ne la rendra à elle-même que par l'honnêteté et la liberté. C'est à cette grande œuvre que nous devons travailler sans relâche, laissant le soin de l'achever à la génération nouvelle qui voit le jour au milieu des douleurs de la patrie.

Modifier le suffrage universel, organiser ses rouages tout en conservant son principe, tel est, suivant nous, le plan de conduite à suivre. Ce n'est pas que nous ignorions ou que nous voulions dissimuler les dangers qu'il renferme, non plus que l'influence souveraine qu'il exerce sur notre situation politique soit intérieure soit extérieure.

A l'intérieur, nous le savons, cette puissante institution est devenue un cercle de fer qui ne laisse rien en dehors de lui. Elle est le pivot de la machine gouvernementale, la base de l'édifice social, le dernier mot de la politique. Elle est aux peuples pacifiques ce que le canon est aux belliqueux, *l'ultima ratio*. C'est toujours le suffrage universel qui, en fin de compte décide : il est juge en dernier ressort.

Bienfait inappréciable pour le peuple qui saurait habilement l'organiser, il n'est qu'une arme terrible et mortelle entre les mains de celui qui ne sait pas s'en servir.

Toutefois, il faut bien le reconnaître, le suffrage universel a l'avantage d'être un principe poussé à sa dernière extrémité, et d'être, en fait de droits politiques, comme les colonnes d'Hercule, au delà desquelles il n'y a plus rien. En s'y résignant, on ne court aucun risque d'être forcé dans ce dernier retranchement, par les attaques de la tribune ou de la presse.

A l'extérieur, qui ne le sait ? le suffrage universel tel que nous le pratiquons, ne peut qu'influer d'une façon fâcheuse sur les sentiments des grandes puissances de l'Europe à notre égard. Comment pourraient-elles avoir foi dans une institution, qui, à elle seule, prétend englober et neutraliser tous les autres principes de gouvernement et dont les effets sont si variables qu'en un instant elle revêt toutes les couleurs de l'arc-en-ciel, passe du blanc au rouge, et du rouge au tricolore?

M. de Talleyrand, en arrivant au congrès de Vienne, pouvait dire aux souverains coalisés : je vous apporte un principe, et puiser dans ce simple mot une véritable force. Que penseraient aujourd'hui ces mêmes souverains d'un diplomate qui, pour fléchir leurs exigences, et leur garantir l'avenir, se contenterait de leur dire : je vous apporte le suffrage universel ?

Mais, il ne s'agit plus pour nous de délibérer si nous devons introduire le suffrage universel ; il existe, il est entré dans les mœurs, et il n'en sortira pas. Vouloir le supprimer ce serait se raidir contre le courant irrésistible qui emporte les sociétés vers des régions nouvelles et se préparer, à coup sûr, de cruelles déceptions. Quand même on arriverait à le comprimer un instant, il se ferait jour violemment, le moment d'après, pour proclamer son irrésistible volonté.

N'oublions pas qu'on ne fondera un gouvernement stable en France qu'à une condition : « C'est

« de tenir compte sincèrement, sévèrement, de
« l'état des hommes et des choses, de la disposi-
« tion des esprits, de la direction des idées, faire
« la part des droits acquis, des intérêts engagés,
« ménager les habitudes, traiter discrètement
« avec les préventions et les préjugés. Hors de
« là, rien qu'utopie. Qui ne sait pas vivre, dans
« le vrai de son temps et de son pays; qui ne
« sait pas aspirer au possible et s'en contenter,
« n'est en politique, qu'un amateur et un songe
« creux [1]. »

S'il fallait détruire tout ce qui engendre des maux et des abus, il ne resterait rien debout sur la terre, pas même la religion. Non, ni détruire, ni restreindre, mais au contraire, régler, éclairer, moraliser le suffrage universel.

Aujourd'hui, comme toujours, le grand art pour gouverner est de tirer des moyens dont on dispose tout ce qu'ils peuvent donner de bon. Il en est des gouvernements comme des armées, lors-

---

1. Duc de Broglie : *Vues sur le gouvernement de la France.*

qu'elles sont en présence de l'ennemi; l'habileté du
général consiste à engager ses troupes à propos,
à mettre de leur côté toutes les chances de succès,
et non pas à se lamenter sur leur organisation, sur
leur équipement ou sur leur armement. C'était là
la préoccupation des temps de paix. Dans le siècle
où nous vivons, les gouvernements, quels qu'ils
soient, sont toujours en présence d'ennemis nombreux et disciplinés; ils n'ont pour se défendre
que cette armée qui s'appelle le suffrage universel.
Il ne s'agit donc pas tant pour eux de savoir comment ils l'habilleront, s'ils lui mettront des pare-
ments rouges ou un panache blanc; il s'agit d'en
tirer tous les avantages possibles, en passant condamnation sur les inconvénients.

Toute autre manière d'envisager le suffrage
universel serait de la politique d'amateur, ou de
sentiment. Or, l'une et l'autre rendent tout gouvernement impossible. Ce sont là des vérités de
tous les siècles. Richelieu, Talleyrand, n'étaient
point des politiques sentimentaux. Ils se ser-
vaient des moyens que la Providence avait mis

dans leurs mains, sans s'ingénier à créer des ateliers de construction pour faire des essais politiques.

Le cardinal de Richelieu fit fléchir devant son but les intérêts mêmes de la religion dont il était le ministre, et son premier acte, en arrivant au pouvoir, fut de rétablir les vieilles alliances de la France avec les protestants de l'Europe.

M. de Talleyrand se servit du Sénat impérial pour faire la restauration de la maison de Bourbon.

Aujourd'hui, c'est avec le suffrage universel et par lui qu'il faut régénérer le pays. Certains esprits pensent avec raison qu'il serait plus facile d'y arriver avec une autre force ; mais un pays qui n'a foi dans aucun principe, et qui croit à peine à lui-même, n'en a pas d'autre à son service.

Toutefois, pour que cela soit possible, pour que le suffrage universel ne dégénère pas, comme on l'a dit, en *hasard universel*, il faut, à tout prix, le réglementer et en faire un instrument honnête et sérieux, entre les mains de citoyens également sérieux et honnêtes.

Je me suis efforcé, dans le cours de cet ouvrage, de rechercher et d'indiquer les moyens qui paraissent devoir assurer son équilibre et sa sincérité.

Par de nouvelles conditions d'âge, des incapacités sévères, et un domicile réel, j'ai voulu le protéger contre ses propres emportements, sans porter aucune atteinte à la liberté individuelle.

Par le vote obligatoire, j'ai cherché à le fortifier, et à en faire une force immense entre les mains des conservateurs ; car il y a infiniment plus d'honnêtes gens que de coquins.

Par les comités électoraux, je lui ai laissé son indépendance, tout en lui apportant les lumières qui lui font défaut.

Il n'est pas jusqu'à la participation du peuple à la formation de la seconde Chambre, qui ne soit une façon indirecte de le rendre sage. Car plus cette Assemblée aura de prestige et de modération, plus la Chambre des députés sera obligée de se contenir elle-même, et de se modérer, sauf, si les passions l'entraînent, à perdre aussitôt de son importance aux yeux de ses électeurs.

A ces remèdes très-puissants en eux-mêmes, qui sont éminemment pratiques, et qui peuvent être appliqués immédiatement, il faut en ajouter un dernier, dont l'efficacité ne se fera sentir que dans un certain nombre d'années, mais dont l'importance est plus capitale encore : c'est de donner au peuple une éducation sérieuse et chrétienne.

« En un pays de suffrage restreint, on met la
« garantie dans le cens, dans la propriété, dans
« le petit nombre des électeurs ; en un pays de
« suffrage universel, il n'y a point de ces précau-
« tions extérieures, de ces limites plus ou moins ef-
« ficaces ; *c'est dans l'âme de l'électeur qu'est*
« *la garantie*. C'est donc cette âme qu'il faut
« éclairer et améliorer. En pareil cas, l'éduca-
« tion populaire n'est plus simplement une ques-
« tion de morale et d'humanité, c'est la pre-

« mière de toutes les questions politiques ; la for-
« tune de la France y est attachée [1]. »

Tels sont les moyens que nous proposons pour mettre l'ordre dans les rangs du suffrage universel. Ils sont précisément de ceux que les violents récusent comme trop doux. Puissent les hommes chargés de nos destinées comprendre que faire plus, ce serait nous mener directement à une révolution ! A peine la patrie agonisante se remet-elle des crises affreuses, qu'elle vient de traverser, Dieu nous garde d'en provoquer une nouvelle ! La Prusse pourrait bien venir présider à ses funérailles !

[1]. Laboulaye. *Le Parti libéral*, ch. x.

APPENDICE

APPENDICE

PROJET DE LOI ÉLECTORALE

POUR LA FORMATION

De la Chambre des députés.

TITRE PREMIER.

Des électeurs ; de la formation et de la révision des listes électorales.

§ 1ᵉʳ. — *Des électeurs et de la formation des listes électorales.*

Article 1ᵉʳ.

Sont électeurs tous les citoyens inscrits sur la liste électorale de la commune, sauf dans les cas prévus par la présente loi.

Article 2.

La liste électorale est dressée dans chaque commune par le maire ; et dans la ville de Paris par les maires chacun en ce qui les concerne.

La liste compendra par ordre alphabétique :

1° Tous les Français âgés de 24 ans accomplis, jouissant de leurs droits civils et politiques, n'étant dans aucun cas d'incapacité prévu par la loi, et ayant depuis une année au moins, *leur domicile réel* dans la commune, conformément aux articles 102, 103, 104, 106 et 107 du Code civil.

2° Ceux qui n'ayant pas atteint, lors de la formation de la liste électorale, les conditions d'âge et de domicile, les acquerront avant sa clôture définitive.

Article 3.

Nul n'est admis à prendre part au vote dans une commune sur la liste de laquelle il n'est pas inscrit.

Article 4.

Ne pourront, à aucune époque de leur vie, être inscrits sur la liste électorale :

1° Les condamnés à une peine afflictive et infamante, ou infamante seulement ;

2° Les condamnés à un emprisonnement de six mois aux moins, pour vol, escroquerie, abus de confiance, soustraction commise par les dépositaires de deniers public, ou attentats aux mœurs, prévus par l'article 334 du Code pénal.

3° Les condamnés par application de l'art. 8 de la loi du 17 mai 1819 et de l'article 3 du décret du 11 août 1848, pour outrage à la morale publique et religieuse et aux bonnes mœurs et pour attaque contre le principe de la propriété et les droits de la famille.

4° Les condamnés pour avoir troublé ou cherché à troubler l'État par l'emploi illégal de la force armée, la dévastation et le pillage public.

5° Les condamnés pour crime à l'emprisonnement par application de l'article 463 du Code pénal.

Article 5.

Seront rayés de la liste électorale et ne pourront point y être inscrits pendant la durée de leur peine :

1° Les condamnés à une peine correctionnelle entraînant un emprisonnement de trois mois au moins.

2° Les individus auxquels les tribunaux, jugeant correctionnellement, ont interdit le droit de vote et d'élection par application de l'article 42 du Code pénal.

3° Les faillis non réhabilités.

4° Les interdits.

Article 6.

Ne pourront être inscrits sur la liste électorale pendant les cinq ans qui suivront l'exécution de leur peine :

1° Les condamnés pour vagabondage ou mendicité.

2° Les notaires, greffiers et officiers ministériels destitués, en vertu de jugements ou de décisions judiciaires.

3° Les militaires qui, pendant leur temps de service, auront été condamnés à faire partie d'une compagnie de discipline.

4° Les condamnés à la surveillance de la haute police.

Article 7.

Les individus tombant sous le coup des articles 4, 5 et 6 de la présente loi ne pourront être graciés ni amnistiés de leur condamnation à moins d'un décret spécial et nominatif de réhabilitation du pouvoir exécutif en leur faveur. Leur peine ne pourra pas être commuée.

Article 8.

Tout électeur présent dans la commune le jour de l'élection, qui n'aura pas pris part au vote sera dans les quinze jours qui suivront, obligé de justifier son abstention devant le maire de la commune assisté de deux conseillers municipaux désignés par le conseil.

Ils sont juges en dernier ressort de la valeur de l'excuse.

Dans les communes au-dessus de 3,000 habitants, le maire pourra déléguer les attributions que lui confère le présent article à ses adjoints, ou aux membres du conseil municipal, suivant les besoins du service.

Les cas d'excuses valables sont : la maladie, les intempéries de la saison et les affaires urgentes.

Si l'excuse de l'électeur n'est pas admise, il sera inscrit d'office, et sur la simple signification du maire de la commune, au rôle des prestations pour trois journées de travail en nature ou leur équivalent en argent.

§ 2. — *De la révision de la liste.*

Article 9.

Les listes électorales sont permanentes. Il ne peut y être fait de changements que lors de la révision annuelle, conformément aux dispositions suivantes :

Article 10.

Du 1er au 20 janvier de chaque année, le maire

de chaque commune ajoute à la liste les citoyens qu'il reconnaît avoir acquis les qualités exigées par la loi, ceux qui acquerront les conditions d'âge et de domicile avant le 1er avril et ceux qui auraient été précédemment omis.

Il en retranche :

1° Les individus décédés.

2° Ceux dont la radiation a été ordonnée par l'autorité compétente.

3° Ceux qui ont perdu les qualités requises.

4° Ceux qu'il reconnaît avoir rté indûment inscrits, quoique leur inscription n'ait pas été attaquée.

Article 11.

Le 20 janvier, au plus tard, le maire dépose, au secrétariat de la commune, un tableau mentionnant les additions et retranchements faits par lui à la liste électorale, Ce tableau sera communiqué à tout requérant; il pourra être copié et reproduit par la voie de l'impression.

Article 12.

Tout citoyen omis pourra, du 20 janvier au 10 fé vrier inclusivement, présenter sa réclamation à la mairie. Dans le même délai, tout électeur inscrit sur une des listes de l'arrondissement pourra réclamer la radiation ou l'inscription des individus omis ou indûment inscrits. Il sera ouvert, dans chaque mairie, un registre sur lequel les réclamations seront inscrites par ordre de date. Le maire devra donner récépissé de chaque réclamation. L'électeur dont l'inscription aura été contestée, en sera averti sans frais par le maire et pourra présenter ses observations.

Article 13.

Les réclamations seront jugées du 1er au 5 février inclusivement par une commission composée, à Paris, du maire et de deux adjoints ; partout ailleurs du maire et de deux membres du conseil municipal, désignés à cet effet par le conseil.

Article 14.

Notification de la décision sera faite aux parties intéressées du 5 au 10 février inclusivement, par le ministère d'un agent assermenté. Elles pourront en appeler du 10 au 15 février inclusivement.

Article 15.

L'appel sera porté devant le juge de paix du canton. Il sera formé par simple déclaration au greffe. Le juge de paix statuera dans les dix jours, sans frais ni formes de procédure, et sur simple avertissement donné trois jours à l'avance à toutes les parties intéressées.

Toutefois, si la demande portée devant lui implique la solution préjudicielle d'une question d'État, il renverra préalablement les parties à se pourvoir devant les juges compétents ét fixera un bref délai dans lequel la partie qui aura soulevé la question préjudicielle, devra justifier de ses diligences. Il sera procédé en ce cas, conformément aux articles 855, 857 et 858 du Code de procédure.

Article 16.

La décision du juge de paix sera en dernier ressort, mais elle pourra être déférée à la Cour de cassation. Le pourvoi n'est recevable que s'il est formé dans les dix jours de la notification de la décision. Il n'est pas suspensif. Il est formé par simple requête dénoncée au défendeur dans les dix jours qui suivent. — Il est dispensé de l'intermédiaire d'un avocat à la cour et jugé d'urgence sans frais ni consignation d'amende. Les pièces et mémoires fournis par les parties sont transmis, sans frais, par le greffier de la justice de paix au greffier de la Cour de cassation. La chambre des requêtes de la Cour de cassation statue définitivement sur le pourvoi.

Article 17.

Tous les actes judiciaires sont, en matière électorale, dispensés du timbre et enregistrés gratis.

Les extraits des actes de naissance nécessaires pour établir l'âge des électeurs, sont délivrés gratuitement sur papier libre à tout réclamant. Ils portent en tête de leur texte l'énonciation de leur destination spéciale et ne peuvent servir à aucune autre.

Article 18.

La liste électorale est définitivement et irrévocablement close le 30 mars de chaque année. L'élection est faite sur la liste révisée, pendant toute l'année qui suit la clôture de la liste.

§ 3. — *Dispositions transitoires.*

Article 19.

Transitoirement et conformément aux prescriptions comprises dans le titre 1er, la révision des listes commencera le 1er du mois qui suivra la promulgation de la présente loi, et durera jusqu'au dernier jour du troisième mois, inclusivement.

TITRE II.

Des éligibles.

Article 20.

Sont éligibles sans conditions de domicile, tous les électeurs âgés de vingt-cinq ans.

Article 21.

Sont considérés comme ayant à jamais perdu leurs droits d'éligibilité les individus désignés dans l'article 4 ainsi que dans le paragraphe quatrième de l'article 6 de la présente loi.

Sont considérés comme ne pouvant être élus, pendant la durée de leur peine, les individus désignés dans l'article 5, ainsi que dans les paragraphes 1, 2 et 3, de l'article 6 de la même loi.

Article 22.

Ne peuvent être élus membres de la chambre des députés dans le département ou dans le ressort où ils exercent leurs fonctions, pendant les six mois qui suivront leur démission, destitution ou changement de résidence :

Tous ceux qui exercent une fonction salariée par l'État.

Article 23.

Tout représentant est réputé démissionnaire par le seul fait de l'acceptation de fonctions publiques salariées.

Sont exceptés les ministres et les ambassadeurs ou ministres plénipotentiaires.

TITRE III.

Des circonscriptions électorales; des députés à la Chambre des députés.

§ 1er. — *Des circonscriptions électorales.*

Article 24.

Chaque arrondissement nommera un député à la chambre des députés.

Article 25.

Néanmoins lorsqu'un arrondissement aura plus de 80 000 habitants, il lui sera attribué autant de députés que ce chiffre se trouvera répété de fois dans le total de sa population. En outre, toute fraction de population supérieure à 50,000 habitants, lui donnera droit à un député en plus.

Article 26.

Lorsqu'un arrondissement administratif, aura moins de 50,000 habitants, il sera réuni de droit à l'arrondissement limitrophe le moins peuplé et dans le même département, avec lequel il formera un seul arrondissement électoral assujetti aux règles des articles 24 et 25 précédents.

Article 27.

Lorsqu'un arrondissement aura à nommer deux députés, ou un plus grand nombre, l'élection aura lieu au scrutin de liste.

§ 2. — *Des députés à la chambre des députés.*

Article 28.

Le suffrage est universel et direct. — Le scrutin est secret.

Le vote a lieu à la commune. Chaque commune peut être divisée, par arrêté de la commission départementale, en autant de sections que le rend nécessaire le nombre des électeurs inscrits. L'arrêté pourra fixer le siége de ces sections hors du chef-lieu de la commune.

Article 29.

Les colléges électoraux sont convoqués par un décret du pouvoir exécutif. L'intervalle entre la promulgation du décret et l'ouverture des colléges électoraux est de quinze jours au moins. Le vote aura toujours lieu un dimanche.

Article 30.

La chambre des députés est seule juge de la validité des opérations électorales. Elle procède à la vérification des pouvoirs de ses membres.

Article 31.

Nul n'est élu ni proclamé membre de la chambre des députés, au premier tour du scrutin, s'il n'a réuni : 1° la majorité absolue des suffrages exprimés; 2° un nombre de voix égal au quart de celui des électeurs inscrits sur la totalité des listes de la circonscription électorale.

Au second tour de scrutin, l'élection a lieu à la majorité relative quel que soit le nombre des votants. Dans le cas où les candidats obtiendraient un nombre égal de suffrages, le plus âgé sera proclamé membre de la chambre des députés.

Article 32.

Le membre élu dans plusieurs arrondissements doit faire connaître son option au président de la chambre des députés dans les dix jours qui suivront la déclaration de la validité de ces élections. A défaut d'option dans ce délai, la question est décidée par la voix du sort et en séance publique.

Article 33.

En cas de vacance par option, décès, démission ou autrement, le collége électoral qui doit pourvoir à la vacance sera réuni dans le délai de vingt jours. Toutefois, ce délai est de deux mois pour les Antilles et la Guyane, de trois mois pour le Sénégal et de quatre mois pour l'Ile de la Réunion.

Article 34.

Aucun membre ne pourra pendant la session, être poursuivi en matière criminelle, ni arrêté, sauf le cas de flagrant délit, qu'après que la chambre des députés aura statué.

Article 35.

Les membres de la chambre des députés recevront une indemnité de mille francs par mois pendant le temps de la session seulement.

TITRE IV. [1]

Dispositions pénales.

1. Voir la loi de 1849.

TABLEAU

CIRCONSCRIPTIONS ÉLECTORALES

CONFORMÉMENT AU PROJET DE LOI.

NOMS DES DÉPARTEMENTS.	NOMS DES ARRONDISSEMENTS.	CHIFFRE DE LA POPULATION	DÉPUTÉS PAR ARROND.	TOTAL PAR DÉPARTEM.
AIN (1)........	Bourg	124,378	1	
	Belley.	81,409	1	
	Trévoux	93,638	1	4
	Gex 21,454	72,218	1	
	Nantua. 50,764			
AISNE.	Laon.	168,483	2	
	Chateau-Thierry. . . .	62,443	1	
	Saint-Quentin.	142,334	2	7
	Soissons.	71,586	1	
	Vervins.	120,509	1	
ALLIER.	Moulins	108,710	1	
	Gannat.	65,895	1	
	Lapalisse.	86,837	1	4
	Montluçon.	114,722	1	
ALPES (BASSES-)	Digne	49,024	1	
	Forcalquier. . . 34,266	57,020	1	
	Sisteron 22,754			3
	Castellane . . . 20,998	36,958	1	
	Barcelonnette ... 15,960			

(1) Ces chiffres sont empruntés au recensement de 1866.

NOMS DES DÉPARTEMENTS.	NOMS DES ARRONDISSEMENTS.	CHIFFRE DE LA POPULATION	DÉPUTÉS PAR ARROND.	TOTAL PAR DÉPARTEM.
ALPES (HAUTES·)	Gap.	64,064	1	2
	Briançon. . . . 27,741			
	Embrun. . . . 30,312	58,053	1	
ALPES-MARITIM.	Nice	104,913	1	2
	Puget-Théniers. 24,013			
	Grasse 69,892	93,905	1	
ARDÈCHE.. . . .	Privas	124,745	1	4
	Largentière.	108,126	1	
	Tournon.	154,303	2	
ARDENNES. . . .	Mezières	81,178	1	5
	Rethel	64,393	1	
	Rocroy	51,617	1	
	Sedan	70,744	1	
	Vouziers	58,934	1	
ARIÉGE..	Foix	85,484	1	3
	Pamiers	78,852	1	
	Saint-Girons	86,103	1	

NOMS DES DÉPARTEMENTS.	NOMS DES ARRONDISSEMENTS.	CHIFFRE DE LA POPULATION	DÉPUTÉS, PAR ARROND.	TOTAL PAR DÉPARTEM.
AUBE.	Troyes	98,238	1	
	Arcis-sur-Aube. 34,760	72,212	1	3
	Nogent-s.-Seine. 36,452			
	Bar-sur-Aube. . 43,338	92,509	1	
	Bar-sur-Seine . 49,171			
AUDE.	Limoux.	67,191	1	
	Narbonne.	78,566	1	4
	Carcassonne . . 93,916	112,869	2	
	Castelnaudary . 48,953			
AVEYRON.	Rodez.	108,735	1	
	Espalion	64,264	1	
	Milhau	66,389	1	5
	Sainte-Affrique.	58,614	1	
	Villefranche	102,068	1	
BELFORT.	Belfort.	56,971	1	1
BOUCHES-DU-RH.	Marseille.	340,752	4	
	Aix	114,653	1	6
	Arles	92,508	1	

NOMS DES DÉPARTEMENTS.	NOMS DES ARRONDISSEMENTS.	CHIFFRE DE LA POPULATION	DÉPUTÉS PAR ARROND.	TOTAL PAR DÉPARTEM.
CALVADOS. . . .	Caen	131,959	2	7
	Bayeux	77,589	1	
	Falaise	56,384	1	
	Lisieux	69,064	1	
	Pont-l'Évêque	59,104	1	
	Vire	80,820	1	
CANTAL.	Aurillac.	92,666	1	3
	Mauriac.	59,268	1	
	Saint-Flour. . . 52,708			
	Murat. 33,352	86,060	1	
CHARENTE. . .	Angoulême.	137,983	2	6
	Barbezieux	53,926	1	
	Cognac.	65,778	1	
	Confolens.	65,968	1	
	Ruffec	54,563	1	
CHARENTE-INFÉR.	La Rochelle.	82,593	1	6
	Jonzac	82,632	1	
	Marennes.	53,345	1	
	Rochefort.	70,425	1	
	Saintes.	106,904	1	
	Saint-Jean-d'Angely. . .	83,930	1	

NOMS DES DÉPARTEMENTS.	NOMS DES ARRONDISSEMENTS.	CHIFFRE DE LA POPULATION	DÉPUTÉS PAR ARROND.	TOTAL PAR DÉPARTEM.
CHER.	**Bourges**	135,352	2	4
	Saint-Amand.	119,388	1	
	Sancerre	84,873	1	
CORRÈZE.	**Tulle**.	133,081	2	4
	Brives	114,847	1	
	Ussel.	62,945	1	
CORSE.	Bastia.	77,053	1	3
	Calvi 25,124	86,292	1	
	Corte 61,168			
	Sartène. 32,728	96,516	1	
	Ajaccio 63,788			
COTE-D'OR. . . .	**Dijon**.	147,740	2	4
	Beaune.	122,202	1	
	Chatillon-s-Seine 48,693	143,120	1	
	Semur 64,427			
COTES-DU-NORD.	**Saint-Brieuc**.	183,457	2	6
	Dinan.	120,170	1	
	Guingamp	128,490	1	
	Lannion	118,097	1	
	Loudéac	74,296	1	

NOMS DES DÉPARTEMENTS.	NOMS DES ARRONDISSEMENTS.	CHIFFRE DE LA POPULATION	DÉPUTÉS PAR ARROND.	TOTAL PAR DÉPARTEM.
CREUSE.	Guéret 94,633	135,982	2	
	Bourganeuf. . . 44,349			4
	Aubusson . . . 100,370	138,075	2	
	Boussac. 37,705			
DORDOGNE.	Périgueux.	115,447	1	
	Bergerac	115,159	1	
	Nontron.	84,413	1	5
	Ribérac.	73,103	1	
	Sarlat.	114,454	1	
DOUBS.	Besançon.	111,658	1	
	Baume.	63,978	1	4
	Montbéliard.	71,962	1	
	Pontarlier	50,473	1	
DROME.	Valence	157,201	2	
	Montélimart	70,251	1	4
	Die. 62,312	96,779	1	
	Nyons. 34,467			

NOMS DES DÉPARTEMENTS.	NOMS DES ARRONDISSEMENTS.	CHIFFRE DE LA POPULATION.	DÉPUTÉS PAR ARROND.	TOTAL PAR DÉPARTEM.
EURE.	Evreux	116,058	1	
	Les Andelys	61,011	1	
	Bernay	72,676	1	5
	Louviers	67,320	1	
	Pont-Audemer	77,402	1	
EURE-ET-LOIR.	Chartres	112,458	1	
	Dreux	68,760	1	3
	Chateaudun . . 65,570 *Nogent-l.-Rotrou* 43,965	109,535	1	
FINISTÈRE.	Chateaulin	108,877	1	
	Brest	230,316	3	
	Morlaix	143,103	2	8
	Quimper . . . 130,673 *Quimperlé* . . . 49,817	180,490	2	
GARD.	**Nîmes**	159,793	2	
	Alais	123,274	1	5
	Uzès	86,433	1	
	Le Vigan	60,247	1	

NOMS DES DÉPARTEMENTS.	NOMS DES ARRONDISSEMENTS.	CHIFFRE DE LA POPULATION	DÉPUTÉS PAR ARROND.	TOTAL PAR DÉPARTEM.
HAUTE-GARONNE.	Toulouse.	207,354	2	
	Muret.	91,035	1	
	Saint-Gaudens.	136,265	2	6
	Villefranche	58,923	1	
GERS.	Condom	70,143	1	
	Auch. 59,722			
	Lectoure 47,926	107,648	1	3
	Lombez 39,581			
	Mirande 78,320	117,901	1	
GIRONDE.	Bazas.	56,381	1	
	Libourne.	117,697	1	
	La Réole	52,213	1	
	Bordeaux	374,658	5	9
	Lesparre. . . . 42,357			
	Blaye. 58,549	100,906	1	
HÉRAULT..	Montpellier.	172,381	2	
	Lodève.	56,382	1	5
	Béziers 150,695			
	Saint Pons. . . 47,787	198,482	2	

NOMS DES DÉPARTEMENTS.	NOMS DES ARRONDISSEMENTS.	CHIFFRE DE LA POPULATION	DÉPUTÉS PAR ARROND.	TOTAL PAR DÉPARTEM.
ILLE-ET-VILAINE.	Rennes.	150,211	2	8
	Fougères	84,069	1	
	Montfort	61,265	1	
	Redon	86,026	1	
	Saint-Malo.	130,372	2	
	Vitré	80,666	1	
INDRE.	Chateauroux	106,767	1	4
	Le Blanc	60,110	1	
	La Châtre.	58,384	1	
	Issoudun.	52,599	1	
INDRE-ET-LOIRE.	Tours.	170,936	2	4
	Chinon	89,449	1	
	Loches	65,108	1	
ISÈRE.	Grenoble.	220,503	3	8
	Saint Marcellin.	82,496	1	
	Latour-du-Pin.	130,809	2	
	Vienne.	147,578	2	

22

NOMS DES DÉPARTEMENTS.	NOMS DES ARRONDISSEMENTS.	CHIFFRE DE LA POPULATION	DÉPUTÉS PAR ARROND.	TOTAL PAR DÉPARTEM.
JURA	Lons-le-Saulnier	101,295	1	4
	Dôle	74,105	1	
	Poligny	74,649	1	
	Saint-Claude	51,428	1	
LANDES	Mont-de-Marsan	110,947	1	3
	Dax	109,402	1	
	Saint-Sever	86,674	1	
LOIR-ET-CHER	Blois	110,239	2	4
	Romorantin	55,058	1	
	Vendôme	80,460	1	
LOIRE	Saint-Etienne	253,524	3	7
	Montbrison	133,842	2	
	Roanne	149,772	2	
HAUTE-LOIRE	Le Puy	142,375	2	4
	Brioude	81,290	1	
	Yssengeaux	88,996	1	

NOMS DES DÉPARTEMENTS.	NOMS DES ARRONDISSEMENTS.	CHIFFRE DE LA POPULATION	DÉPUTÉS PAR ARROND.	TOTAL PAR DÉPARTEM.
LOIRE-INFÉR...	Nantes..............	267,903	3	
	Ancenis...........	50,889	1	
	Chateaubriant......	77,095	1	7
	Paimbœuf.... 47,690			
	Savenay.... 155,021	202,711	2	
LOIRET.	Orléans............	159,972	2	
	Gien	54,616	1	
	Montargis.........	80,716	1	5
	Pithiviers.........	61,776	1	
LOT.	Cahors............	117,448	1	
	Figeac	90,568	1	3
	Gourdon	80,903	1	
LOT-ET-GARONNE.	Agen............	80,082	1	
	Marmande	97,676	1	
	Nérac............	60,376	1	4
	Villeneuve-d'Agen	89,828	1	
LOZÈRE.	Marvejols.........	54,224	1	
	Mende 48,191			2
	Florac 37,848	86,039	1	

NOMS DES DÉPARTEMENTS.	NOMS DES ARRONDISSEMENTS.	CHIFFRE DE LA POPULATION	DÉPUTÉS PAR ARROND.	TOTAL PAR DÉPARTEM.
MAINE-ET-LOIRE.	Angers.	163,848	2	6
	Baugé.	78,595	1	
	Chollet.	129,284	1	
	Saumur.	95,489	1	
	Segré.	65,109	1	
MANCHE.	Saint-Lô.	92,905	1	6
	Avranches	111,953	1	
	Cherbourg	92,801	1	
	Coutances	120,428	1	
	Mortain.	71,026	1	
	Valognes.	84,786	1	
MARNE.	Reims	151,498	2	5
	Épernay.	96,078	1	
	Châlons.	59,057	1	
	Vitry-le-Français 50,511 Ste-Menehould . 33,665	84,176	1	
MARNE (HAUTE-).	Chaumont.	84,439	1	3
	Langres.	97,261	1	
	Vassy.	77,396	1	

NOMS DES DÉPARTEMENTS.	NOMS DES ARRONDISSEMENTS.	CHIFFRE DE LA POPULATION	DÉPUTÉS PAR ARROND.	TOTAL PAR DÉPARTEM.
MAYENNE. . . .	Laval.	130,355	2	5
	Mayenne.	161,403	2	
	Château-Gontier.	76,397	1	
MEURTHE – ET – MOSELLE. . .	Nancy. . . . . 154,382 / Château-Salins 4,662	156,044	2	5
	Lunéville.. . . 84,893 / Sarrebourg. . . 6,809	94,702	1	
	Toul. . . . . . 60,667 / Metz. 4,478	65,145	1	
	Briey.	53,926	1	
MEUSE.	Bar-le-Duc.	80,964	1	4
	Commercy	79,957	1	
	Montmédy	62,052	1	
	Verdun.	78,680	1	
MORBIHAN. . . .	Vannes.	134,840	2	6
	Lorient.	169,144	2	
	Napoléonville.	104,152	1	
	Ploërmel	93,044	1	

NOMS DES DÉPARTEMENTS.	NOMS DES ARRONDISSEMENTS.	CHIFFRE DE LA POPULATION	DÉPUTÉS PAR ARROND.	TOTAL PAR DÉPARTEM.
NIÈVRE..	Nevers.	123,152	1	
	Château-Chinon.	67,741	1	
	Clamecy	74,022	1	4
	Cosne.	77,858	1	
NORD.	Lille	523,234	6	
	Avesnes.	163,450	2	
	Cambrai	193,855	2	
	Douai.	115,065	1	15
	Dunkerque.	113,184	1	
	Hazebrouck.	109,036	1	
	Valenciennes.	174,220	2	
OISE.	Beauvais	126,411	1	
	Clermont.	88,941	1	
	Compiègne.	96,207	1	4
	Senlis.	89,715	1	
ORNE..	Alençon.	70,588	1	
	Argentan.	96,042	1	
	Domfront..	134,476	2	5
	Mortagne.	113,542	1	

NOMS DES DÉPARTEMENTS.	NOMS DES ARRONDISSEMENTS.	CHIFFRE DE LA POPULATION	DÉPUTÉS PAR ARROND.	TOTAL PAR DÉPARTEM.
PAS-DE-CALAIS..	**Arras**.	172,990	2	
	Béthune	163,455	2	
	Boulogne	144,600	2	9
	Montreuil.	76,949	1	
	Saint-Omer.	143,175	1	
	Saint-Pol . . , ...	81,599	1	
PUY-DE-DOME. .	**Clermont-Ferrand**. . .	171,891	2	
	Ambert.	83,132	1	
	Issoire	93,740	1	7
	Riom.	146,206	2	
	Thiers	76,724	1	
PYRÉN. (BASSES-)	Pau.	128,948	1	
	Bayonne	97,184	1	
	Mauléon.	65,446	1	5
	Oloron.	70,414	1	
	Orthez . . . . . . , . . .	74,130	1	
PYRÉN. (HAUTES-)	Tarbes	108,452	1	
	Argelès. 41,625			3
	Bagnerre. . . . 90,175	131,800	2	

NOMS DES DÉPARTEMENTS.	NOMS DES ARRONDISSEMENTS.	CHIFFRE DE LA POPULATION	DÉPUTÉS PAR ARROND.	TOTAL PAR DÉPARTEM.
PYRÉN. ORIENT.	Perpignan........	96,458	1	2
	Céret...... 43,593			
	Prades..... 49,439	93,032	1	
RHÔNE.......	Lyon........,...	502,801	6	8
	Villefranche......	175,847	2	
SAÔNE (HAUTE-).	Vesoul.........	102,672	1	4
	Gray..........	79,776	1	
	Lure..........	135,257	2	
SAÔNE-ET-LOIRE.	Mâcon.........	121,690	1	7
	Autun.........	117,656	1	
	Châlon-s-Saône....	141,833	2	
	Charolles........	132,720	2	
	Louhans.........	86,107	1	
SARTHE.....	Le Mans.........	176,748	2	5
	La Flèche........	99,690	1	
	Mamers.........	121,724	1	
	Saint-Calais.......	65,460	1	

NOMS DES DÉPARTEMENTS.	NOMS DES ARRONDISSEMENTS.	CHIFFRE DE LA POPULATION	DÉPUTÉS PAR ARROND.	TOTAL PAR DÉPARTEM.
SAVOIE..	*Chambéry*. . . 144,945	181,257	2	3
	Albertville. . . 36,312			
	Moutiers. . . . 37,265	90,406	1	
	St-Jean-d.-Maur. 53,141			
SAVOIE (HAUTE-).	Annecy.	87,112	1	4
	Bonneville.	69,648	1	
	Saint-Julien. . :	54,350	1	
	Thonon.	62,658	1	
SEINE.	1er Ar.	81,665	1	
	2e Ar..	79,909	1	
	3e Ar..	92,680	1	
	4e Ar..	98,648	1	
	5e Ar..	104,083	1	
	6e Ar..	99,115	1	
	7e Ar..	75,438	1	
	8e Ar..	70,259	1	
	9e Ar.	106,224	1	
	10e Ar.	116,138	1	
	11e Ar.	149,641	2	
	12e Ar.	78,635	1	

NOMS DES DÉPARTEMENTS.	NOMS DES ARRONDISSEMENTS.	CHIFFRE DE LA POPULATION.	DÉPUTÉS PAR ARROND.	TOTAL PAR DÉPARTEM.
SEINE.	13e Ar.	70,192	1	
	14e Ar.	65,506	1	
	15e Ar. 69,340			
	16e Ar. 42,187	111.527	1	
	17e Ar.	93,193	1	25
	18e Ar.	130,456	2	
	19e Ar.	88,930	1	
	20e Ar.	87,444	1	
	Saint-Denis.	178.359	2	
	Sceaux.	147,283	2	
SEINE-INFÉR. . .	Dieppe	112,313	1	
	Rouen.	274,652	3	
	Le Hâvre	192,524	2	9
	Neuchâtel.	84,425	1	
	Yvetot.	132,134	2	
SEINE-ET-MARNE.	Melun	66,203	1	
	Coulommiers.	54,924	1	
	Fontainebleau.	80,753	1	5
	Meaux.	96,257	1	
	Provins.	56,253	1	

NOMS DES DÉPARTEMENTS.	NOMS DES ARRONDISSEMENTS.	CHIFFRE DE LA POPULATION	DÉPUTÉS PAR ARROND.	TOTAL PAR DÉPARTEM.
SEINE-ET-OISE..	Corbeil.	70,457	1	
	Etampes. . . . 44,317			
	Rambouillet.. . 67,555	108,872	1	5
	Versailles.	188,846	2	
	Pontoise	108,937	1	
SÈVRES (DEUX).	Niort	109,559	1	
	Bressuire.	75,727	1	4
	Melle.	74,732	1	
	Parthenay	73,137	1	
SOMME..	Amiens.	194,021	2	
	Abbeville.	144,625	2	
	Doullens..	59,963	1	7
	Montdidier.	67,321	1	
	Péronne.	109,740	1	
TARN..	Alby	95,120	1	
	Castres.	139,779	2	5
	Gaillac.	68,487	1	
	Lavaur.	52,427	1	

NOMS des DÉPARTEMENTS.	NOMS des ARRONDISSEMENTS.	CHIFFRE DE LA POPULATION	DÉPUTÉS PAR ARROND.	TOTAL PAR DÉPARTEM.
TARN-ET-GARON.	Montauban	103,809	1	3
	Castel-Sarrasin	68,682	1	
	Moissac	56,478	1	
VAR	Draguignan	88,736	1	4
	Brignoles	69,247	1	
	Toulon	150,567	2	
VAUCLUSE	Avignon	84,610	1	4
	Apt	54,203	1	
	Carpentras	55,436	1	
	Orange	74,842	1	
VENDÉE	**Napoléon-Vendée** . .	151,341	2	5
	Fontenay-le-Comte . .	138,185	2	
	Les Sables d'Olonne . .	114,947	1	
VIENNE	Poitiers	115,513	1	3
	Chatellerault . 60,318 *Loudun* 35,304	95,622	1	
	Givray . . . . . 49,491 *Montmorillon* . . 63,901	113,392	1	

NOMS des DÉPARTEMENTS.	NOMS des ARRONDISSEMENTS.	CHIFFRE DE LA POPULATION	DÉPUTÉS PAR ARROND.	TOTAL PAR DÉPARTEM.
VIENNE (HAUTE).	Bellac . . , ...	80,205	1	4
	Limoges..	154,066	2	
	Rochechouart. . 50,579			
	Saint-Yrieix.. . 44,187	94,766	1	
VOSGES.	Epinal.	98,931	1	5
	Mirecourt.	69,330	1	
	Neufchâteau..	59,596	1	
	Remiremont	73,614	1	
	Saint-Dié.	97,511	1	
YONNE.	Auxerre.	118,764	1	4
	Joigny.	98,491	1	
	Sens.	67,310	1	
	Avallon. 45,200			
	Tonnerre. . . . 42,824	88,024	1	
	Total.			**441**

Il résulte de ce tableau que :

1° 241 arrondissements n'auront qu'un député à nommer.
2° 67 arrondissements auront droit à deux ou plusieurs députés.
3° 74 arrondissements administratifs seront réunis ensemble
et formeront arrondissements électoraux.

PROJET DE LOI ÉLECTORALE

de la chambre des départements.

TITRE PREMIER.

De la formation de la chambre des départements.

§ 1. — *De la chambre des départements proprement dite.*

Article 1.

Chaque département nommera deux députés à la chambre des départements.

Article 2.

Sont électeurs tous les membres du conseil général du département.

Article 3.

Sont éligibles tous les citoyens français âgés de 30 ans, jouissant de leurs droits civils et politiques, ne tombant point sous le coup des articles 4, 5 et 6 de la loi électorale et étant inscrits sur la liste départementale.

Article 4.

La liste départementale est dressée chaque année par le préfet assisté de la commission départementale. Elle comprend :

1° Tous les propriétaires résidant dans le département qui sont inscrits au rôle d'une ou de plusieurs des contributions directes pour une somme de 4,000 francs, au moins.

2° Tous les officiers supérieurs, nés dans le département, depuis le grade de général de division.

3° Tous les citoyens, résidant dans le département, qui, dans le cours de leur vie, ont fait partie des assemblées françaises, occupé le poste de ministre, ou représenté la France auprès d'une puissance étrangère.

4° Tous les citoyens résidant dans le département, qui ont occupé un situation inamovible dans une cour d'appel ou souveraine.

§ 2. — *Des grands corps de l'Etat ayant droit d'envoyer des représentants à la chambre des départements.*

Article 5.

1° Les évêques et archevêques français réunis à l'archevêché de Paris, sous la présidence du doyen d'âge :

2° Le premier président, les trois présidents de chambres et les quarante-cinq conseillers de la cour de cassation, ainsi que les premiers présidents des cours d'appel, réunis à la cour de cassation sous la présidence du premier président de cette cour :

3° Les présidents et vice-présidents des chambres de commerce réunis au tribunal de commerce de la Seine, sous la présidence du doyen d'âge :

4° Les membres de l'Institut, réunis à l'Institut, sous la présidence du président de l'Académie française.

Choisiront chacun six députés, dans leur sein, qui seront de droit membres de la chambre des départements.

TITRE II.

Dispositions générales applicables à la chambre des
départements.

§ 1. — *Du renouvellement de la chambre des départements.*

Article 6.

Les membres de la chambre des départements
sont nommés pour neuf ans. Ils sont renouvelés
par tiers tous les trois ans et indéfiniment rééli-
gibles.

Pour les députés à la chambre des départements
nommés par les conseils généraux, le renouvellement a lieu conformément à un tableau arrêté d'a-
vance par la chambre des députés.

Les grands corps de l'Etat à leur première réunion,
après avoir nommé leurs députés, procèdent au ti-
rage au sort, afin de régler l'ordre de renouvellement des séries.

Article 7.

L'élection a lieu pendant la session d'août des
conseils généraux. Le jour en est fixé par un décret

du pouvoir exécutif. L'intervalle entre la promulgation du décret et le jour du vote est de trente jours au moins.

Le même décret convoque les grands corps de l'État appelés à nommer leurs députés. Toutefois, vu les circonstances, le pouvoir exécutif pourra ne pas les convoquer tous le même jour. De toute façon, la convocation devra avoir été faite avant le 1er septembre.

Article 8.

Les fonctions de membre de la chambre des départements sont essentiellement gratuites.

Article 9.

Une indemnité de déplacement de 500 francs imputable sur le trésor public, sera allouée à chaque renouvellement de la chambre des départements aux membres des grands corps de l'Etat compris dans l'article 5, qui se seront déplacés pour prendre part au vote.

§ 2. — *Des colléges électoraux. — De leur police.—*
Du vote.

Article 10.

Le vote a lieu : 1° pour les conseillers généraux au chef-lieu du département, dans le local habituel de leurs délibérations; 2° pour les grands corps de l'Etat à Paris, dans les locaux fixés par l'article 5 de la présente loi. — Le scrutin est secret. — Il est ouvert au jour fixé par le décret du pouvoir exécutif de midi à cinq heures. Il est immédiatement dépouillé par le président avec l'assistance des plus jeunes membres.

Article 11.

Nul n'est élu ni proclamé membre de la chambre des départements s'il n'a réuni :

1° La majorité des suffrages exprimés ;

2° Un nombre de voix égal au tiers de celui des conseillers généraux du département ou des membres des grands corps de l'Etat appelés à voter.

S'il y a lieu à un second tour de scrutin, il est procédé au vote le lendemain et aux mêmes heures. Dans ce cas, l'élection a lieu à la majorité relative quel que soit le nombre des votants. Dans le cas où les candidats obtiendraient un nombre égal de suffrages, le plus âgé serait proclamé membre de la chambre des départements.

TABLE DES MATIÈRES

PRÉFACE. 1

PREMIÈRE PARTIE

DU SUFFRAGE UNIVERSEL PROPREMENT DIT. — DE LA CHAMBRE
DES DÉPUTÉS. — DE LA SOUVERAINETÉ NATIONALE.

Pages

CHAPITRE I. Du cens électoral et du suffrage à deux
degrés 11

— II. Du suffrage universel direct . . . 29

— III. De l'abstention. 67

— IV. Du scrutin de liste. 85

— V. Des circonscriptions électorales. . 103

— VI. Du vote à la commune 121

— VII. Des minorités 135

— VIII. Des comités électoraux. 167

— IX. Renouvellement partiel. Renouvellement intégral. 185

— X. De la souveraineté nationale. . . 227

SECONDE PARTIE

ROLE DU SUFFRAGE UNIVERSEL DANS LA FORMATION D'UNE SECONDE CHAMBRE.

		Pages
CHAPITRE I.	De la nécessité d'une seconde chambre.	254
— II.	Élection de la seconde chambre par les conseils généraux et les grands corps constitués.	267
— III.	Des conditions d'éligibilité. Résidence. Renouvellement.	285
— IV.	Conc'usion.	301

APPENDICE

CHAPITRE I.	Projet de loi électorale pour la formation de la chambre des députés.	343
— II.	Tableau fixant les circonscriptions électorales.	327
— III.	Projet de loi électorale pour la formation de la chambre des départements.	354

PARIS. — IMP. VICTOR GOUPY, 5, RUE GARANCIÈRE.